冷战后美国非政府组织研究

LENGZHANHOU MEIGUO FEI ZHENGFU ZUZHI YANJIU

曹升生◎著

安徽师范大学出版社
·芜湖·

图书在版编目(CIP)数据

冷战后美国非政府组织研究 / 曹升生著. —芜湖:安徽师范大学出版社,2018.5
ISBN 978-7-5676-3636-1

Ⅰ.①冷… Ⅱ.①曹… Ⅲ.①非政府组织-研究-美国-现代 Ⅳ.①D771.264

中国版本图书馆CIP数据核字(2018)第123248号

冷战后美国非政府组织研究

LENGZHANHOU MEIGUO FEIZHENGFU ZUZHI YANJIU

曹升生 著

责任编辑:辛新新
装帧设计:陈 爽 冯君君
出版发行:安徽师范大学出版社
芜湖市九华南路189号安徽师范大学花津校区
网 址:http://www.ahnupress.com/
发 行 部:0553-3883578 5910327 5910310(传真)
印 刷:虎彩印艺股份有限公司
版 次:2018年5月第1版
印 次:2018年5月第1次印刷
规 格:700 mm × 1000 mm 1/16
印 张:11
字 数:170千字
书 号:ISBN 978-7-5676-3636-1
定 价:39.00元

引　言

2013年2月，美国前国务卿克里在美国弗吉尼亚大学演讲时提道，在当今全球化的时代，外交政策不再是那么神秘莫测了，美国普通百姓在日常生活中其实都在执行美国外交政策。两年后，美国国务院和国际开发署联合发布了第二版《四年度外交和开发评估报告》，其中第二章“为挑战建立强大的组织”中就发出了“接触美国人民使其成为美国外交事务的伙伴”的号召。这种号召的实质，就是接续2010年第一版《四年度外交和开发评估报告》中倡导的“大外交”理念，鼓励美国人民更多的介入外交政策和海外拓展。“在当今时代，美国外交需要美国社会、经济和文化等各部门的积极参与”“美国人民是美国在全世界开展外交和拓展工作最伟大的资产”。这种对非政府组织力量的倚重，既是美国冷战以来近80年传统的延续，也是针对当今世界政治现实的创新之举。它所蕴含的丰富内涵值得学界深入挖掘。

美国学者对美国外交政策的分析，一般都会设置专门章节来讨论市民社会或非政府组织。如杰里尔・A・罗赛蒂《美国对外政策的政治学》的第三编就是“社会与国内政治”。凯克等人通过《超越国界的活动家：国际政治中的倡议网络》融合国际关系、社会运动、比较政治学等学科知识于一体，从建构主义的视角探讨了非政府组织在国际政治中发挥作用的途径及其影响。其他西方学者在分析美国外交时也认识到了非政府组织的独特作用，如法国学者夏尔-菲利普·戴维等人的《美国对外政策：基础、主体与形成》的第十章是“有组织的市民社会”。

本书聚焦于冷战后美国的非政府组织，更多采用个案研究的方法，辅以比较法，剖析冷战后美国非政府组织开展活动的动力、过程以及背后所展示的制度性设计。具体而言，本书第一章介绍了冷战后美国非政府组织研究的学术意义。第二章第一节将关注美国冷战后建立的多家涉及俄罗斯的非政府组织，考察美国如何在冷战后继续通过非政府组织来对俄罗斯进行渗透，毕竟美苏之间长期冷战，俄罗斯问题还涉及广大欧亚世界的问题。第二节将审视老牌美国智库与时俱进地设置非洲项目来对非洲大陆开展研究。第三节转换视角考察美国四家城市类智库向全球传播城市治理的政策安排与路径。第三章则关注21世纪美国打破常规思维，按照“大外交”理念建立的非洲司令部，这是美国将“军事—外交—开发”协同发展的思维运用到战区司令部设置上的具体操作，但是实际效果如何，则聚讼纷纭。第四章以个案的方式概括了21世纪美国四大高校建立的国际问题类智库的共同特点以及与其他智库的差异。第五章则对21世纪美国国际问题类新型智库做了整体概括，并与英国做了比较。贯穿全书的一个线索就是21世纪以来美国不断提高国际开发工作的地位，最终通过2010年、2015年的《四年度外交和开发评估报告》进行了制度上的总结和规划，这两份报告都对非政府组织给予了高度重视。

最后，本书能够出版，得益于安徽师范大学历史与社会学院专业建设经费的资助，谨此致谢。当然，限于学识水平，本书一定存在疏漏之处，尚祈方家批评指正。

曹升生

2018年4月

目 录

第一章

冷战后美国非政府组织研究的学术意义

第一节　研究缘起

2018年年初，一本译著在中国学界尤其是国际关系学界引起了广泛的关注，这就是世界知识出版社推出的《最后的武士：安德鲁·马歇尔与美国现代国防战略的形成》。2018年1月31日，北京大学国际关系学院、北京大学国际安全与和平研究中心、世界知识出版社联合举行了此书的新书发布会暨研讨会，原中国军事科学院军事战略研究部净评估办公室主任易本胜教授作主题发言，盛赞此书传主的战略思想与研究方法，并呼唤中国版的马歇尔[①]。安德鲁·马歇尔（Andrew Marshal）生于1921年，1949年进入兰德公司从事核战略分析研究，1973年被尼克松总统任命为美国国防部净评估办公室主任，此后历经冷战风云和世纪变幻，辅佐了12任国防部部长和8任总统，直到2015年以94岁高龄退休。半个世纪以来，马歇尔执掌的净评估办公室以全新的战略研究方法——净评估来研究世界军事，尤其是其提出的新技术必将推动现代军事革命的思想，影响了美国几代战略界学人和政治家、军事家。更重要的是，安德鲁·马歇尔深谙美国政界的生存和发展之道，通过旧雨新知、门生故吏编织了一个巨大的关系网络。中国著名民间智库知远战略与防务研究所曾发行过“马歇尔及美国国防部净评

①搜狐:《最后的武士:安德鲁·马歇尔与美国现代国防战略的形成》中译本新书发布暨研讨会成功举办,http://www.sohu.com/a/220873919_779053.

估办公室重要人物关系图谱”①，更难得的是，2015年12月，知远战略与防务研究所就曾翻译过美国约翰·舒特中校的硕士论文《打造净评估：安德鲁·马歇尔与冷战学术界》。

实际上，《最后的武士：安德鲁·马歇尔与美国现代国防战略的形成》第一作者安德鲁·克雷佩尼维奇便是马歇尔的得意门生，而克雷佩尼维奇的另一个身份便是著名防务类智库战略与预算评估中心（Center for Strategic and Budgetary Assessments）的主席，该智库在世纪之交成立，被美国《外交政策》杂志主编称为“研究防务问题最好的智库”，而其成功的关键便是其与国防部净评估办公室深厚的渊源，其研究人员基本上都是军官出身，多数甚至在国防部工作过，由此，战略与预算评估中心经常参与美国国会军事委员会、外交委员会的听证会。前几年，它提出的“空海一体战”理论风行一时②。

知名传媒《观察者》专栏学者洪鑫诚撰文评析了2049计划研究所，认为美国智库产业既悠久又繁荣，凭借与老牌智库的人脉和信息，新型智库完全可以钻研一个领域，走“小而精”的新式道路，2049计划研究所即是典型。可他分析该智库的财务后认为，2049计划研究所的危言耸听乃是小智库在国际关系夹缝中的经营之道而已。

上述的战略与预算评估中心、2049计划研究所，笔者都曾关注过③-④，但是没有深入研究世纪之交美国以智库为核心的非政府组织的整体状况。国内不少学者对美国的非政府组织有过研究，至今已积累了较为丰厚的成果，可以得到很多启示。这些研究大体上分为四类：

---

①马歇尔及美国防部净评估办公室重要人物关系图谱，http://www.knowfar.org.cn/demo/JingPingGuBanGongShiYuMaxieErRenJiGuanXiWangLuoTu/#1.

②刘鹏.试析美军“空海一体战”的特点与问题[J].现代国际关系，2010(9):21-26.

③曹升生，高科冕.专注于军事研究的美国新智库：战略与预算评估中心[J].战略决策研究，2013(4):29-41.

④曹升生.专注台海关系的美国新智库——2049计划研究所[J].南通大学学报（社会科学版），2013(3):35-40.

第一类是个案研究。早在十年前，浙江大学的刘国柱教授就曾深入研究了美国非政府组织之一的和平队（Peace Corps）在冷战时期服务美国外交的历史作用①。近些年，同在浙江大学的张杨教授也深入挖掘了亚洲基金会冷战后在亚洲高等教育发展过程中的独特作用②。而上海大学的张勇安教授更是独辟蹊径，通过抽丝剥茧般的对比和深入细致的观察，探讨了美国国家民主基金会在缅甸民主转型中发挥的巨大作用③。广州大学的沈本秋教授独具慧眼地研究了2007年以来美国非政府组织在中国香港的活动，指出其潜在的危害④。在个案研究方面能与上述研究相媲美的最新成果，乃是中国社会科学院美国研究所李枏对几十年来美国十余家非政府组织在朝鲜提供人道主义援助的研究⑤。

第二类是从历史的角度分阶段研究美国的非政府组织。如中国人民大学的许海云等将冷战时期美国非政府组织的发展分为三个阶段，并总结了其在不同阶段的特征⑥。对于2000年以来美国新涌现的智库，中国社会科学院美国研究所的魏红霞则做了极为简练的总结，她重点归纳了近十家发展起来的新型智库，并剖析了它们的对华观⑦。

第三类是分析美国政府与非政府组织之间关系的研究。如外交学院的博士生崔巍深入浅出地探讨了1961年以来美国联邦政府资助志愿组织的政策的

---

①刘国柱.和平队与美国对第三世界外交的软实力[J].浙江大学学报(人文社会科学版),2008,38(1):36-44.

②张杨.亚洲基金会:香港中文大学创建之后的美国推手[J].当代中国史研究,2015,22(2):91-102,127-128.

③张勇安,刘海丽.国际非政府组织与美国对缅外交——以美国国家民主基金会为中心[J].美国研究,2014,28(2):21-33.

④沈本秋.2007年以来美国非政府组织在香港活动之评析[J].社会主义研究,2013(1):154-158.

⑤李枏.论美国非政府组织在朝鲜的援助与活动[J].美国研究,2017,31(2):50-64.

⑥许海云,曾晨宇.冷战时期美国非政府组织发展及其特点分析[J].当代世界与社会主义,2013(1):183-188.

⑦魏红霞.美国的新思想库[J].美国研究,2010,24(3):107-125.

演变[①]。中国现代国际关系研究院的博士生张霞深入探讨了美国国际开发署与美国非政府组织的合作模式，意义重大[②]。为了更好地指导、规范美国非政府组织为美国的外交服务，2010年奥巴马总统当局发布了美国历史上首份《四年度外交和开发评估报告》，南京大学国际关系学院的博士生陈洁对这份报告展开了研究，指出美国将继续整合军事力量和民事力量，注重发挥软实力，从而左提右挈地维护美国的国家利益[③]。

第四类是分析美国非政府组织在外交中的独特作用的研究。比如北京外国语大学的硕士生赵梦媛就指出美国越来越倚重非政府组织的隐秘性来发挥其在对外援助中的作用[④]。吉林大学的一篇博士论文则以2010年海地地震为例，深入研究了美国非政府组织在海地赈灾这种公共外交中的角色转变[⑤]。复旦大学的一篇硕士论文则以索罗斯基金会为例探讨了美国非政府组织对国家政治安全的影响[⑥]。中国国际问题研究院康杰则认为，新型的、规模小而精的防务类智库在影响当代美国军事战略方面发挥了重要作用[⑦]。而在整体上研究美国非政府组织的，则以北京大学国际关系学院徐彤武老师的系列文章最为权威[⑧-⑨]。2016年，他出版了专著《美国公民社会的治理》，可谓集大成之作。

总而言之，这些深入的个案研究、与时俱进的动态追踪、体大思精的综

①崔巍.1961年以来美国政府资助民间志愿组织的政策演进研究[D].北京:外交学院,2016.

②张霞.美国国际开发署与非政府组织的合作模式[J].国际资料信息,2011(1):13-17.

③陈洁.美国首份《四年度外交和发展审议》研究[J].美国问题研究,2013(1):142-158.

④赵梦媛.美国非政府组织对外援助研究[D].北京:北京外国语大学,2017.

⑤ROOLLE T R.美国非政府组织在公共外交领域中的角色转变——以2010年海地地震救灾案例为研究[D].长春:吉林大学,2011.

⑥王娟萍.国际非政府组织对国家政治安全的影响——以美国索罗斯基金会为例[D].上海:复旦大学,2009.

⑦康杰.外部知识对部门利益的重塑——防务智库与当代美国军事决策[J].国际关系研究,2017(6):127-144.

⑧徐彤武.美国国际性民间组织研究[J].美国研究,2010,24(4):55-82.

⑨徐彤武.当代美国非营利部门与美国国家安全[J].国际政治研究,2014(3):74-85.

合性研究，乃至对美国政府与非政府组织互动模式的探讨，都极大地丰富了我们对美国非政府组织的认识，必将有助于深化对冷战后尤其是21世纪美国非政府组织的研究。

第二节 研究意义

冷战结束后，随着交通、通讯的进步尤其是由互联网推动的信息化，国家间的交往变得更为频繁、丰富和复杂，外交活动也越来越分散化、多元化、世俗化，普通民众和社会组织也逐渐加入国际关系变革的滚滚洪流中。而信奉“小政府、大社会”理念的美国更是乘风破浪，凭借一个世纪积累的庞大非政府组织，依靠在冷战期间积累的丰富经验，通过各种有形的和无形的鼓励、资助和奖赏制度，推动了更多非政府组织的成立，鼓动了更多非政府组织奔赴海外进行民主扩展活动，建立更多外交、军事类智库来研究世界局势并向政府建言献策，从整体上展现了美国作为世界强国所具有的器识、能量和智慧。2018年两会期间，中国国务院决定改组国家机构，成立国际发展合作署。而与它对等的美国国际开发署（the United States Agency for International Development）早于1961年在美国国会通过《对外援助法》后就成立了。

非政府组织到底有何独特的价值？以朝鲜为例，虽然美国和朝鲜官方多半是隔空喊话，但是美国诸多非政府组织一直活跃在朝鲜半岛。以老牌非政府组织论，亚洲基金会不久前就发布了一份《促进变化的伙伴：亚洲基金会在朝鲜半岛的六十年》报告，以近三百页的篇幅详细总结了朝鲜战争后亚洲基金会在朝鲜半岛开展的各种活动。以新的非政府组织而论，分别成立于

2001年、2003年的朝鲜人权委员会（The Committee for Human rights in North Korea）和国家朝鲜委员会（National Committee for North Korea）就通过专业的网站、人员和活动来抨击朝鲜违反人权的行为，同时也为脱北者提供食宿，为朝鲜缺医少药的农民提供医药和食物。美国国会也一直在总结和规划非政府组织在朝鲜的行动及其效果，如2011年美国国会研究处就发布了报告《在朝鲜的非政府组织及其活动》，主要介绍了朝美双方在科学和高等教育上的合作，指出这些非政府组织发挥了二轨外交的作用。国际学界也开始重视非政府组织在解决朝鲜人权问题中的微妙作用①。2018年，四川外国语大学国际关系学院陈广猛等翻译了英国学者英德杰特・帕马（Inderjeet Parmar）的《以慈善的名义：美国崛起进程中的三大基金会》，再次深化了国人对美国非政府组织的认识。该书聚焦于美国三大著名的基金会（福特、洛克菲勒和卡内基基金会）对美国外交事务的介入，追溯了美国从一个“孤立主义”国家向世界大国转变的历史，揭示了基金会对美国霸权的塑造和影响。

事实上，据中国学者考证，自杜鲁门总统开始实施“第四点计划”之后，美国政府便正式将非政府组织纳入美国外交的轨道，使之成为服务美国外交的一股重要力量②。自21世纪以来，美国政府对非政府组织的认识更是不断深化，最终体现在最新的政策文件里。2010年版美国《国家安全战略》在“增强国家能力”部分有一段这样前所未有的论述“美国人民和私人部门”的重要性的内容：我们人民的思想、价值观、能量、创造力、活力是美国最伟大的资源……我们必须同非政府组织、基金会、社区组织、私人部门结成战略伙伴关系，利用政府之外人士的智慧，这种伙伴关系对于美国在国内外的成功至关重要，我们将会通过增加接触、协调、信息分享机会而支持

---

①KIM J.A Study of the Roles of NGO for North Korean Refugees' Human Rights[J].Journal of Immigrant&Refugee Studies,2010(1):76-90.

②余功德.第四点计划与美国对非政府组织的政策——兼论对理解全球治理理论的启示[J].国际政治研究,2011(1):46-58.

这种合作①。2010年9月，美国发布的《总统开发政策指令》将开发、外交和防务等量齐观。2010年12月，美国历史上第一版《四年度外交和开发评估报告》（*Quadrennial Diplomacy and Development Review*）的主题就是“通过民事力量实现美国的领导权”（Leading through Civilian Powers），目的就是要美国政府想方设法壮大美国的民事力量以促进美国的海外利益，使民事力量成为军方的伙伴②。2015年，第二版《四年度外交和开发评估报告》的主题是“在变动的世界里延续美国的领导权”（Enduring Leadership in Dynamic World），制定了全面发动民事力量为国家服务的规划。美国时任国务卿希拉里曾说：“在21世纪立足世界，美国就必须采用新方法。”她曾为此专门撰文，大声疾呼要发挥民事力量③。而民事力量中非政府组织是主力，其中智库更是力量强大、影响深远④。2002年，麦克甘博士在美国国务院主办的期刊《外交政策议程》上撰文《智库与外交的跨国化》，认为全球化极大扩展了智库的活动范围和扩大了其影响，而美国智库在全球范围内支持和维持民主的潜能远没有被开发出来，21世纪美国的挑战之一就是要充分利用好美国智库在知识、信息和能量上积攒的巨大储备，呼吁美国国务院及其他涉外部门立即联手智库在全球构建一个超越地理、政治和学科界限的专家网络，来解决当前的问题或持久性的难题⑤。2015年美国佐治亚大学国际关系系主任霍华德也撰文总结了美国华盛顿近50年来智库产业的兴衰，指出现在智库间的竞争十分激烈，虽然数量众多，但是提出新见解的寥寥可数⑥。

---

①The White House.National Security Strategy 2010[R].Washington D.C.,May 2010:16.

②陈洁.美国首份《四年度外交和发展审议》研究[J].美国问题研究,2013(1):142-158.

③CLINTON H R.Leading through Civilian Power:Redefining American Diplomacy and Development[J].Foreign Affairs,2010,86(6):13-24.

④余章宝.作为非政府组织的美国智库与公共政策[J].厦门大学学报(哲学社会科学版),2007(3):114-121.

⑤JAMES G,MCGANN. Think Tanks and the Transnationalization of Foreign Policy[J]. U.S. Foreign Policy Agenda,2002(3):18.

⑥WIARDA H J.Think Tanks and Foreign Policy in Globalized World: New Ideas, New “Tanks”,New Directions[J].International Journal,2015,70(4):517-525.

综上可以看出，现在中国推行“一带一路”倡议，必须动员广大的中产阶级，培育更多的智库来为国家的内政外交献计献策，同时也推动更多的非政府组织走向海外，推广中国的文明，维护中国的国家利益。那么，在此过程中，美国在冷战后培育非政府组织的做法就值得中国学习和借鉴。

第三节　研究设计

世纪之交，美国非政府组织的“新”，有六重含义：

第一种“新”，是指专门服务于新时期特定国家或区域的新非政府组织，比如，二战后，美苏之间长期冷战，冷战结束之后并不代表美国就善待俄罗斯了，恰恰相反，自东欧剧变起，美国就成立了多家针对俄罗斯及原苏东地区的智库，所以第二章第一节重点剖析了冷战后美国的几家涉俄非政府组织，与此同时，也叙述了美国支持流亡到美国的俄罗斯持不同政见者建立的非政府组织。

第二种“新”，是指老牌的外交类智库，因应世界局势的发展，尤其是非洲的崛起，重新考虑项目设置和人员配置，专门设立非洲项目，开展细致深入的研究，建立专业数据库，与非洲国家进行精准的交往，乃至设立专门研究中非关系的机构。因此，第二章第二节分析了美国六家传统智库在世纪之交设立非洲研究项目，与时俱进地研究非洲。

第三种“新”，是指超越传统的军事、外交、人权等斗争领域，而服务于民生领域的几家普通老智库，冷战结束后它们在广大第三世界奉行新的使命，开展新的活动。因此，第二章第三节就专门探讨了多家城市类老牌智库在世界范围内顺应城市化大潮，通过区域或国别办公室，与当地政府或非政府组织合作，传播、推广美国城市治理的经验。

第四种“新”，是指新的理念，在冷战后“软实力”（Soft Power）“巧实力”（Smart Power）等新式理念的指导下，美国更加注重非政府组织的作用和影响，更有甚者，乃是将这种新式思维推广到建立一个崭新的军事司令部——非洲司令部（AFRICOM）上。与以往的军事司令部不同，非洲司令部在建立时延揽美国国务院、国际开发署高官作为副司令，秉承发展与安全并重的理念，强调软实力建设，发挥公共外交的作用。但是，非洲司令部这一新式实践能否得到非洲的理解和美国国内朝野的支持，第三章便以众多原始资料为主，分析了美国国内外乃至世界各主要国家对此的质疑。需要强调的一点是，非洲司令部虽然是美国按照全球地缘政治而设置的六大战区司令部之一（另外五个是中央司令部、欧洲司令部、太平洋司令部、北方司令部、南方司令部），但是至今它的总部依然挂靠在欧洲司令部之下，即德国斯图加特，而不是在非洲。

第五种“新”，将侧重研究非政府组织中的中坚力量——新型智库，尤其是21世纪以来美国出现的新外交类智库。可以说，美国智库是世界各国智库产业中的一枝独秀，其他国家更多是瞻之在前忽焉在后，只有模仿和学习。由于中国教育部发布文件鼓励有条件的高校建立国别和区域研究基地，所以第四章第一节将首先研究21世纪美国高校建立的国际问题类智库，并且将之同其他来源的智库进行比较。第二节选取个案进行研究，如践行新保守主义，“外交政策创议”是权倾一时的智库“新美国世纪计划”（Project for the New American Century）的2.0版。

第六种“新”，就是同英国比较出来的“新”。英国非政府组织也十分发达，而且英国与美国有很多相似性，所以比较英美新的国际问题类智库，有利于我们深刻认识美国智库的新颖独特之处，从而管中窥豹，了解美国新的非政府组织的创新之处。第五章第一节就挑选影响力颇为重要的13家美国国际问题类新型智库进行总结，第二节就探讨新时期英国涌现的国际问题类新型智库。比较之后就会发现，英国学生在智库创建中发挥的力量是很强大的，而且英国新型智库在承揽外国服务合同上比美国更为积极。

归根结底，冷战后美国非政府组织研究将采用个案研究、比较研究和综合研究相结合的办法，力图从多维视角来解读“新”，认为这种“新”不仅体现在新的针对特殊国家的非政府组织上，也体现在老智库与时俱进设置新的研究项目上，当然也表现在按照新思维建立起来的军事司令部中，最后更集中地展现在13家美国国际问题类新型智库上。

第二章

冷战后美国非政府组织的新功能与新形态

第一节　冷战后美国的涉俄非政府组织

2001年，美国塔夫茨大学弗莱彻法律和外交学院副教授萨拉·门德尔松（Sarah Mendelson）在一篇文章中提道：冷战后最惊人的一幕，是从20世纪90年代初起，大量欧美非政府组织蜂拥而至俄罗斯。在注释里她提到了美国在俄罗斯的八家非政府组织，分别从事民主研究、劳工组织、选举制度、媒体自由和国际交换生等方面的工作①。但是，她没有提到这些非政府组织的新旧之分，更没有提到美国帮助俄罗斯政治流亡者在美国建立的非政府组织及其活动。

一、冷战后美国建立的涉俄非政府组织及其活动

冷战后，大量美国非政府组织奔赴俄罗斯进行“民主扩展”活动的现象，既有历史根源，也受到当时社会思潮的影响。从历史根源来讲，“民主扩展”（Democracy Promotion）深植于美国的政治文化传统之中，因为美国的建国历程与民族认同有其特殊性，“在美国这样一个缺乏更为传统的界定民族性的基础——即面临一个强大而且具有威胁性的邻国或拥有一个由历史积累起

①MENDELSON S E.Democracy Assistance and Political Transition in Russia: Between Success and Failure[J]. International Security, 2001, 25(4): 68-106.

来的在种族、文化和宗教上的联结体——的国家内，民主式的政治体制便取而代之成为了界定国家整体特征的基础”[①]，发扬于外，就是美国认为民主体制是放之四海而皆准的普世价值，因而在外交中一以贯之地加以推广：“美国自开国以来始终自诩与众不同，在外交上形成两种相互矛盾的态度：一是美国在国内使民主政治更趋于完美，为其他人类做榜样，以此作为证明美国价值观优越性的最佳方法；二是美国的价值观使美国人自认为有义务向全世界推广这些价值。[②]”有研究表明，自1821年起，美国政府就开始将民主扩展作为外交的一项内容，而在近半个世纪里更是将其置于美国外交的中心地位[③]。

就社会思潮而言，苏联解体后，美国朝野上下充斥着乐观情绪，认为苏联这个最大敌人的崩溃不仅意味着美国享受着傲视天下的“单极时刻”，[④]还意味着美国民主体制的完胜。这种情绪体现在弗朗西斯·福山（Francis Fukuyama）的著作《历史的终结及最后之人》中。该书认为，人类的历史以追求自由民主制度为目标，而现在，自由民主制度的胜利意味着历史已经终结。与此相应，当时在美国战略界占主导地位的新保守主义就认为，美国的政治制度和道德水平优越于其他任何国家，美国肩负着向世界传播美国式文明的历史使命，美国比其他任何国家更有资格主导国际事务。美国很多民众也在世界大同主义（Cosmopolitanism）的情怀下，积极投身民主扩展事业[⑤]。

在立法层面，东欧剧变之际，美国国会于1989年通过了《支持东欧民主法案》(*East Europe Democracy Act*)，尤其在1992年通过了《支持自由法案》(*Freedom Support Act*)，对原苏东国家进行“援助”。其目的有三个：加速这些

①埃里克·方纳.美国自由的故事[M].王希，译.北京：商务印书馆，2002:89.

②亨利·基辛格.大外交[M].顾淑馨，林添贵，译.海口：海南出版社，1998:2.

③FOWLER M W.A Brief Survey of Democracy Promotion in US Foreign Policy[J].Democracy and Security,2015,11(3):227-247.

④KRAUTHAMMER C.The Unipolar Moment[J].Foreign Affairs,1990(1):23-24.

⑤BRANCATI D.The Determinants of US Public Opinion Toward Democracy Promotion[J].Political Behavior,2014,36(4):705-730.

国家从威权主义国家向民主国家转变；促使自由市场经济的引进和发展；通过控制核武器、生化武器而提升安全。其中，所谓“民主援助”，就是向这些国家的政党、议会、独立媒体提供技术援助，通过合同的形式鼓励非政府组织的发展[①]。2002年，美国国会又通过了《俄罗斯民主法》（*the Russian Democracy Act*），重申和细化了上述目标。在经费方面，自1992年至2007年，美国总共为12个苏联国家开支了280亿美元，其中1992年至2005年的110亿美元就是根据1992年的《支持自由法案》拨付的[②]。

当然，这些经费并非直接拨付给了苏联国家，其中很大部分是给了美国的非政府组织。换言之，美国政府假手这些非政府组织去推行美国的外交政策，毕竟美国政府与其国内的非政府组织桴鼓相应开展外交活动早已制度化了。美国的非营利组织与美国国家安全体系密切相关。这些组织可划分为智力服务型、支援倡导型和实务（行动）型三大群体，发挥着国家安全战略及政策的思想库和智囊团、跨学科的科学技术专家、“圈内人”的大本营和交流平台、公众的教育者和辅导员、人力资源的培训基地和周转库以及国家安全战略的实施助手等多重作用[③]。

因此，也不难理解东欧剧变之际美国政府马上鼓励包括智库在内的非政府组织进入苏联地区开展活动，这不仅包括众所周知的“开放社会基金会”（Open Society Foundation）[④]、“国家民主基金会”（National Endowment for Democracy）[⑤]和“自由之家”（Freedom House），还有著名的城市问题类智库“国际市县管理协会”（International City/County Management Association）和

①TARNOFF C.U.S. Assistance to the Former Soviet Union[R].CRS for Congress, Order Code 32866, updated March 1, 2007.

②TARNOFF C.U.S.Assistance to the Former Soviet Union[R].CRS for Congress, Order Code 32866, updated March 1, 2007.

③徐彤武.当代美国非营利部门与美国国家安全[J].国际政治研究,2014(3):74-95.

④王梦.浅析索罗斯基金会活动特点及其作用[J].俄罗斯中亚东欧研究,2011(3):27-30.

⑤PARRY R.Why Russia Shut Down NED Fronts[DB/OL].(2015-6-30)[2018-2-16].https://consortiumnews.com/2015/07/30/why-russia-shut-down-ned-fronts/.

“城市研究所”（Urban Institute）等。如国际市县管理协会自1989年起就接受美国国际开发署的指导，到苏联和东欧地区开展活动。

冷战后，美国政府建立了更多的非政府组织到俄罗斯等苏联国家开展活动，而在非政府组织的命名方面，却是“欧亚中心”（Eurasia Center）开了先河。1988年，曾在美国国防部和国会任职的杰拉德·贾科博士（Dr. Gerald Janco）建立了“苏—美关系中心”，苏联解体后迅速更名为“美国—欧亚研究及关系中心”（Center for American-Eurasian Studies and Relations）。这是冷战后美国第一个以欧亚为名来研究苏联国家的机构。其实，杰拉德·贾科博士一直致力于探索一个新的分析范式来研究苏联解体后的局势。“欧亚”正好可以概括苏联横跨欧亚大陆、苏联解体后各国不平衡发展的现实。该中心于2001年在纽约举办“世界俄罗斯论坛”，至今已办了11届，讨论的内容涉及慈善、女性、艺术、环境、公民社会、国际教育、国际安全、欧亚商业联盟、美国—欧亚关系等九个方面，可谓大而全。不过其活动集中在“大使晚宴”和圆桌论坛，前者是欧亚大陆众多国家退休的前驻美大使的联合会，后者乃是专题研讨会，所以总体上看有“高谈阔论”的倾向。不过，它的影响在于以欧亚为视角来审视俄罗斯，随后也将研究对象扩大到其他欧亚国家，这些都为后来者所继承，有些甚至超越了它，这方面的典型是“欧亚基金会”（Eurasia Foundation）。

1992年，美国国际开发署就授意众议员比尔·弗伦兹尔（Bill Frenzel）筹建欧亚基金会，延揽一些政界名流、著名智库研究人员、跨国公司总裁作为顾问，然后招兵买马，前往欧亚新独立国家去推动公民社会、私人企业和地方民主制度的发展。其宗旨是“包容”“协调”“适应”和“可操作性”，重点关注妇女、青年、少数民族、贫困人口等人群，同当地相关机构或群体结成伙伴关系，因地制宜地开发各种项目，推动这些国家的民主化进程。

欧亚基金会的第一个特点是本土化，即在苏联国家建立分支机构，从而更加有效地开展活动。1993年欧亚基金会就在莫斯科建立了第一个办公室，

2002年在亚美尼亚、阿塞拜疆和格鲁吉亚三国建立了“高加索研究资源中心”，经过10年的经营，欧亚基金会已成为重要的观点调查和学术研究机构。2004年在俄罗斯成立了“新欧亚基金会”，着意从地区和市政层面发力。2005年在白俄罗斯登记成立非政府组织“新欧亚建立”（New Eurasia Establishment），在哈萨克斯坦、吉尔吉斯斯坦和塔吉克斯坦三国成立“中亚的欧亚基金会”，发展公民组织。2007年在亚美尼亚、阿塞拜疆和格鲁吉亚建立“欧亚伙伴关系基金会”，监测三国政府决策的民主化。同年，在乌克兰建立“东欧基金会”，宣称为当地经济发展、节能和良治提供技术援助。3年后，在摩尔多瓦如法炮制。

欧亚基金会的第二个特点是获得美国国务院、其他智库或机构，以及西方国家政府的资助。英国国际开发署、荷兰政府等都曾以各种形式帮助欧亚基金会开展活动，芬兰外交部也曾动用其“大欧洲计划”的经费资助欧亚基金会在哈萨克斯坦、吉尔吉斯斯坦和塔吉克斯坦三国开展“法律面前人人平等”项目。这说明，欧亚基金会的背后不仅是美国政府和非政府组织的联动，还有西方国家齐心协力在苏联地区进行“颜色革命”的图谋。

欧亚基金会的第三个特点是欧亚基金会尤其侧重对苏联国家的媒体、教育进行改造。比如，它在亚美尼亚通过扶持一家媒体，使其打破官方媒体的垄断进而占据了该国传媒发行量的一半；在吉尔吉斯斯坦打造了第一家独立的在线媒体，并借此向中亚辐射。在教育方面，它不但有鼓励美俄两国大学进行学术交流的项目，还有多个在线教育项目。它还一手打造了乌克兰最强的经济学院。

欧亚基金会的第四个特点是十分注重对青年的塑造。它发起“中亚的青年专业新闻工作者”项目，对中亚国家的青年新闻从业者进行技术培训。为了推动美国国内的青年更多地投身欧亚研究，它自2012年就组织了一个名为“青年专业人员网络”的课程班，每年招收30名左右的青年才俊进行培训。

欧亚基金会的第五个特点是向中国、西亚及北非进军。2007年发起了中国项目，侧重关注中国西部的草根阶层，尤其是少数民族地区的妇女。2010年还发起了覆盖西亚、北非的在线教育项目。

与“欧亚基金会”这种“奋斗”在一线的非政府组织不同，有些美国的涉俄非政府组织，从表面上看“温文尔雅”，仅仅从事人文交流等活动，但是其效果却是渐进的、隐蔽的。现在大多由美国国务院出资，通过让苏联国家领导人和国民亲身体验美国的民主制度和生活方式，以利于推进这些国家的民主化①。

2007年，美国著名保守类智库遗产基金会发布一篇题为《促进俄罗斯的民主》的简报，②提出了诸多建议，其中有两条值得注意：一条是鼓励美国国务院和国会增加学生交换项目中的学生数量，另一条是通过俄罗斯政府所不能完全控制的互联网来开展公共外交。美国国内能够实行第一条建议的非政府组织有两个：一个是成立于1993年的“美—俄文化合作基金会”（The American-Russian Cultural Cooperation Foundation）和1997成立的“俄罗斯裔美国人基金会”（Russian American Foundation），前者是艺术方面的交流机构，后者有体育、学术等交流项目。美国前驻俄罗斯大使迈克尔·麦克福尔（Michael McFaul）曾经评价道：“俄罗斯裔美国人基金会持续推动文化、教育和体育项目，有助于深化俄美两国人民的相互理解，这些项目突出了两国共同的兴趣。”能够实施第二条建议的非政府组织是2013年成立的“欧亚研究和分析学会”（Eurasian Research and Analysis Institute）和2016年哥伦比亚大学哈里曼研究所推出的“欧亚网络”网站。自俄罗斯2012年空前加大对外国非政府组织活动的打击后，美国的相关努力被迫向网络转移。因此，“欧亚研究和分析学会”就宣称不在意识形态上选边站，而是想打造一个聚揽世界上研究欧亚事务的青年才俊的垂直网络，成为聚焦欧亚的顶尖智库，其口号就

---

①TARN OFF C.U.S. Assistance to the Former Soviet Union [R].CRS for Congress, Order Code 32866, updated March 1, 2007.

②GROVES S. Advancing Freedom in Russia[R].Backgrounder, November27, 2007.

是“揭开欧亚的神秘面纱”（Unveil Eurasia）。它的特色在于发行《欧亚时代》期刊，开发“武装冲突”数据库来记载和分析苏联世界的军事冲突，而其最具代表性的则是“欧亚经济联盟监测”项目。实际上，它的研究人员基本上都是欧美的大学生和硕士生。“欧亚网络”网站自称是个独立的媒体组织，研究范围涉及所有苏联国家，还包括阿富汗、土耳其、蒙古和中国，宣扬要利用好西方和本地区的资源，为辩论相关政策提供背景支持。其特点在于充分利用互联网的多媒体材料，揭示欧亚地区的历史变迁，剖析各个国家的政治事态。它的特色项目很多，如“过去与现在：苏联解体后的二十年”，其中就有对格鲁吉亚前总统分析苏联解体原因进行访谈的视频，也有“里海盆地：油价向北、民主化向南”的图片展等。

二、俄罗斯政治流亡者在美国建立的非政府组织及其活动

收留俄罗斯的政治反对派并帮助他们在美国建立非政府组织，是与美国培育本国非政府组织开展针对俄罗斯的民主扩展活动相辅相成的，可谓一枚硬币的正反面。美国众议院2007年的《促进民主法案》（*Advance Democracy Act*）第三章就有条款：“那些身在非民主国家（有时是转型国家）却拥护民主的原则、实践和价值观的个人、非政府组织或活动，正受到所在国家的重重压力，包括政府实施的行政或者监管等迫害性措施”，但“民主国家有足够的手段来帮助这些致力于通过有效的、非暴力的方式改革非民主国家使之达致民主化的个人、非政府组织或活动”。

美国的非政府组织在“帮助”俄罗斯的政治反对派的过程中，发挥了不可替代的作用，要么是指引俄罗斯的政治反对派在美国建立智库或者个人网站并充当其顾问、董事，要么是引荐其参加美国国会的听证，要么是与其一道举办研讨会，探索同俄罗斯政府打交道的新方式。可以说，美国非政府组织的影子无处不在。相应地，俄罗斯在美国的政治流亡者可能也念念不忘要

用美国的民主体制来改造俄罗斯。事实上，在美国建立非政府组织确实便利了他们开展活动。

第一个是俄罗斯尤科斯石油公司总裁米哈伊尔·霍多尔科夫斯基（Mikhail Khodorkovsky）的儿子巴威尔·霍多尔科夫斯基（Pavel Khodorkovsky）于2010年在纽约建立的“现代俄罗斯研究所”（Institute for Modern Russia）。霍氏是叶利钦时代学习西方推行私有化改革后暴富的几大金融寡头之一，2003年被俄罗斯政府以诈骗等罪名逮捕入狱，是21世纪以来俄罗斯政坛最为轰动性的“尤科斯事件”。这一事件所反映的，是普京总统将石油能源收归国有进而在世界舞台上开展“能源大政治”的重要谋划①。“现代俄罗斯研究所”的建立得到了美国从事民主扩展人士的帮助，如曾在苏联解体前后担任美国外交官并将“自由欧洲电台”覆盖面拓展到中亚和北高加索的唐纳德·詹森（Donald Jensen）就担任其顾问；而为了得到美国和欧洲智库的支持，该研究所特意设立了“公共拓展与对话”项目，与欧美的非政府机构如美国的自由之家、大西洋理事会和英国的列格坦研究所等联合，在美国国会和欧洲议会开展活动。从总体上看，该研究所的活动集中在如下几个方面，其一是伸张俄罗斯持不同政见者的权益，如开展“俄罗斯的持不同政见者”“俄罗斯的政治犯”等项目。其二是批判俄罗斯现行的国际国内政策，如报告《虚幻的威胁：俄罗斯如何将信息、文化和金钱军事化》，谈论的是俄罗斯如何在国际宣传上“瞒天过海，混淆视听”，报告《被掩盖的侵略：俄罗斯在乌克兰的肮脏战争》指斥俄罗斯对乌克兰“发动了侵略战争”。2013年，该研究所还与荷兰亚历山大·赫尔岑基金会联合创办了《解说者》（*The Interpreter*），跟踪报道俄罗斯在乌克兰和叙利亚的军事行动。这些报道被西方媒体和政府频繁引用，当作在国际社会上攻击俄罗斯的证据。其三是规划后普京时代俄罗斯的发展，如设置“后普京时代的俄罗斯：改革方案”项目，从俄罗斯联邦宪法的脆弱性角度发布专门报告，研究普京之后的俄罗斯总统选举制。另

①冯玉军.“尤科斯事件”多维透视[J].国际石油经济,2004,12(9):5-9.

外，尤科斯石油公司的法律顾问巴威尔·易伟诺夫（Pavel Ivlev）受到株连后，也被迫流亡美国，并获得政治难民身份。他于2009年在纽约建立了“俄罗斯经济自由委员会”（The Committee for Russian Economic Freedom），剖析俄罗斯的政府腐败和垄断行业。同时，其网站配置了整个尤科斯案审判过程的视频，以及克里米亚并入俄罗斯后乌克兰人的抗议集会视频。

“现代俄罗斯研究所”在美国的活动，只是霍氏更大图谋的预演。米哈伊尔·霍多尔科夫斯基在2013年年底获特赦出狱后，发起了“开放俄罗斯运动”（Open Russia Movement），采用多种方式批判俄罗斯的政权，其目的就是用西方民主制度改造俄罗斯。“开放俄罗斯运动”开展了多个项目，如：“人权”项目，用于支持、资助俄罗斯政治犯；在线俄语媒体项目“开放俄罗斯”，用于宣扬霍多尔科夫斯基及“开放俄罗斯运动”的价值观；“开放媒体”项目，旨在培训和引导俄罗斯的媒体；“开放俄罗斯大学”项目，延请学者、作家、科学家开展针对俄罗斯的人文教育；“开放选举”项目，意在影响俄罗斯国内的市级、地区和杜马选举，在2016年俄罗斯杜马选举中它推荐了19个候选人；众筹项目“普京之后”，为2018年俄罗斯总统选举研判各路候选人。它在英国伦敦成立了分支机构“开放俄罗斯俱乐部”，在美国将“现代俄罗斯研究所”作为活动平台。

第二个是野心勃勃的“自由俄罗斯基金会”（Free Russian Foundation）。虽然“自由俄罗斯基金会”的简介里并没介绍其成立时间，但是从其宗旨来看，应该是在普京上台以后建立的。其宗旨是：“我们组织和联合俄罗斯移民社群，尤其关注那些因为俄罗斯政治经济状况恶化而被迫离开俄罗斯的人。我们将集中精力制定‘后普京’时代俄罗斯的转轨战略。我们是俄罗斯改革的亲历者和受害者，将凭借一个贯通俄罗斯各界的庞大网络为国际决策者、媒体和公民社会提供一手的资讯。”其专家团队由美国人权运动精英、俄罗斯前高官、资深媒体人、学者等构成。凭此，它经常与美国智库联合开展活动，比如它与大西洋理事会联合开展了一场关于俄罗斯人移民到美国的专家研讨会。该基金会的功能从其开展的3个项目上可见一斑："社群接触"项目，是要最大限度地联络、团结在美国的俄罗斯精英；"俄罗斯视野"项目，对俄罗斯的现状痛心疾首，希望研究出一套能将俄罗斯推进到民主和法制轨道的救国方案；"全球对话"项目，想与美国政府就全球稳定、与乌克兰政府就领土问题进行对话。它还设置了"观点"栏目，进行民意测评。但是，基金会成立的最大意义是发动了"非暴力行动指南"项目，是想将当年印度的"非暴力不合作运动"灵活运用到俄罗斯，试图为俄罗斯的持不同政见者同俄罗斯政府打交道甚至"救国"开辟出崭新道路。其行动之一是2017年4月在乌克兰首都基辅建立了"自由俄罗斯之家"，以收容俄罗斯的移民和政治避难者。

第三个是俄罗斯国际象棋棋王加里·卡斯帕罗夫（Garry Kasparov）与美国友人共同建立的"另一个俄罗斯"英文网站及其个人网站。卡氏2005年从象棋界退役后积极投身政界，2006年联合俄罗斯前总理米哈伊尔·米哈伊洛维奇·卡西亚诺夫（Mikhail Mikhailovich Kasyanov），发起成立了"另一个俄罗斯"社会联盟，成为俄罗斯反对普京政府态度最明确、规模最庞大的联合组织，先后策划了2007年圣彼得堡、2008年莫斯科的大规模抗议活动。对此，美国没有作壁上观。美国纽约的国际象棋专栏作家迈克尔·格林纳德（Michael Greenard）利用与棋王的特殊友谊，建立了"另一个俄罗斯"的英文网站与之遥相呼应，专门收集和传播有关俄罗斯政治状况的信息。更令人瞩目的是，2012年卡斯帕罗夫被提名为纽约"人权基金会"（Human Rights Foundation）的主席，而这家基金会乃是一家致力于在全世界推广民主的组织。2013年，卡斯帕罗夫从莫斯科移居纽约。在此前后，卡斯帕罗夫国际象棋基金会不但在美国扎根，还在欧洲、非洲、亚太和北美建立了分支，而卡斯帕罗夫也建立了个人网站，其中专门设立了"人权"项目。由此，他更频繁地出入欧美智库，在欧美杂志上发文评点时政，2015年10月出版了专著

《冬天将至：为什么普京和自由世界的敌人们必须被阻止》[①]，甚至于2016年年底出席了加拿大国会下院关于俄罗斯的听证会。

值得注意的是，这些美国的涉俄非政府组织出现了联合批判俄罗斯政府的趋势。比如“自由俄罗斯基金会”的合作伙伴之一便是“鲍里斯·涅姆佐夫自由基金会”（Boris Nemtsov Foundation for Freedom）。鲍里斯·涅姆佐夫曾任俄罗斯副总理，主张俄罗斯进行民主化改革，是最激烈的反对普京的人之一，2015年2月底在莫斯科被暗杀，事前他正在筹备一场反对俄罗斯军事干涉乌克兰的示威游行。是年年底，他的大女儿在德国波恩成立了“鲍里斯·涅姆佐夫自由基金会”，设立了“鲍里斯·涅姆佐夫奖”，以鼓励那些为言论自由而战和受到政治迫害的人，其顾问团中便有米哈伊尔·霍多尔科夫斯基和美国前驻俄罗斯大使迈克尔·麦克福尔等人，个中意味不言自明。果然，米哈伊尔·霍多尔科夫斯基很快就联合德国的“弗里德里希—瑙曼自由基金会”（The Friedrich Naumann Foundation for Freedom）设立了“鲍里斯·涅姆佐夫论坛”，作为讨论欧洲—俄罗斯关系的平台。

第四个是由苏联遗老遗少建立的智库，这就是戈尔巴乔夫的政治顾问尼克莱·兹洛宾（Nikolai Zlobin）于2012年在华盛顿建立的“全球利益中心”（Center for Global Interest），其指导思想依然是“超越冷战”，只不过是站在新时期的全球治理视角审视俄罗斯及其与主要大国的关系，其设置的项目有“新生代专家”“全球治理的新挑战”“俄罗斯的世界：检视一个新的国家概念”“美俄关系”“艰难的三角关系：中美俄”和“乌克兰之后”。

综上所述，自从20世纪80年代末起，美国就开始在那些半威权主义国家和转轨国家进行民主扩展的活动，方式是为这些国家的政治反对派和形形色色的非政府组织提供金融和技术援助，当然这些国家主要是指苏联及其盟国。“随风潜入夜”的结果就是，欧亚基金会与其他的美国非政府组织共同推

①KASPAROV G.Winter is Coming: Why Vladimir Putin and the Enemies of the Free World Must be Stopped[M]. New York: Public Affairs, 2015.

动了格鲁吉亚、乌克兰等国的“颜色革命”①，以至于国家民主基金会的创办人之一艾伦·韦恩斯坦（Allen Weinstein）不无得意地说：我们现在所做的，就是中央情报局25年前所做的②。此后，美国政府越来越倚重非政府组织。今天，美国政府在大多数情况下并不需要动用中央情报局，而是依靠诸如国家民主基金会、国际开发署、自由之家以及其他专业性政治组织来执行政治或经济任务③。

作为美国非政府组织幕后主使的美国国际开发署④，虽然其职责是负责除军事以外的对外援助，但在21世纪其重要性不断得到提升。2010年5月发布的《美国国家安全战略》将开发置于防务、外交和经济之后，2010年9月发布的《总统开发政策指令》将开发、外交和防务等量齐观。至于美国国际开发署在俄罗斯的“成就”，其官网在2012年的“国际开发署在俄罗斯”中进行了总结⑤，现列举一二：国际开发署一直是俄罗斯最老的人权组织的坚定支持者，而这家人权组织乃是促进民主观念深入俄罗斯的关键性力量；支持俄罗斯公民组织采用新技术监督选举过程；支持俄罗斯公民组织的发展，使其登记数量从1987年的40个增加到如今的30万个左右，这些组织通过多种形式促进了俄罗斯政治、经济和社会的发展。综而观之，美国国际开发署主观上自然是想按照美国的意愿改造俄罗斯，客观上在某些方面促进了俄罗斯的社会进步，但在政治和经济上也引发了不良后果。随着美国国际开发署于2012年被逐出俄罗斯，可以预见今后它会更加注重发挥俄罗斯政治流亡者的作用。

---

①SUSMAN G, KARDER S.Template Revolutions: Marketing US Regime Change in Eastern Europe[J]. Westminster Papers in Communication and Culture, 2008(3): 91-112.

②BLUM W.Rogue State: A Guide to the World's Only Superpower[M].Maine: Common Courage Press, 2000: 180.

③SUSSMAN G.The Myths of “Democracy Assistance”: U.S. Political Intervention in Post-Soviet Eastern Europe[J].Monthly Review, 2006(7): 15.

④张霞.美国国际开发署与非政府组织的合作模式[J].国际资料信息,2011(1):13-17.

⑤参见https://www.usaid.gov/news-information/fact-sheets/usaid-russia.

三、俄罗斯的应对举措

面对冷战后汹涌而至的外国非政府组织和快速增长的本土非政府组织，俄罗斯政府自1995年后就开始针对非政府组织问题进行立法，如1997年通过了《俄罗斯社会联合组织法》。但在叶利钦时代，由于受其交好西方的总体政策倾向的影响，加上当时百废待兴的混乱局面，这些立法并未起到应有的引导和监管作用[①]。世易时移，美国非政府组织在俄罗斯及其他苏联国家的行动，逐渐引起俄罗斯的警惕。尤其是2004年格鲁吉亚、乌克兰诸国的"颜色革命"，直接惊动了俄罗斯高层[②]。这导致俄罗斯首次出台法律管制外国非政府组织。2005年年底，俄罗斯出台了《关于对非政府组织、非商业性社会组织强化国家注册程序》（即非政府组织法），该法律的主要内容：一是规定所有非政府组织必须重新进行登记；二是规定非政府组织的活动和宗旨不得违背宪法，不得违背公民道德、伤害民族和宗教感情，不得带有极端主义色彩；三是限制非政府组织雇佣外籍人士，限制外国公民在俄创立非政府组织；四是限制非政府组织接受国外捐助，不得将非法收入合法化，规定当局有权对非政府组织的活动和财务进行随机审查，特别是对超过50万美元的资金流入进行监控，一旦发现有违法行为，将立即予以取缔。根据俄罗斯司法部官方发布的消息："截至2012年，在司法部登记注册的非营利性组织为402001个，宗教组织29831个，国际组织和外国非营利非政府组织团体319个。[③]"也正是这一年，俄罗斯政府首次以《外国代理人法》（*Foreign Agent Act*）对此予以史无前例的规范。该法律强调，一个非商业组织满足如下三个条件就会被认定为"外国代理人"：第一，以非商业组织的身份在俄

①杨金茹.试析俄罗斯的非政府组织政策[D].北京:外交学院,2008:11-15.

②WILSON J L.Coloured Revolutions:The View from Moscow and Beijing[J].Journal of Communist Studies and Transition Politics,2009(2):369-395.

③贾少学.俄罗斯非政府组织立法动态分析[J].人民论坛,2015(3):245-247.

罗斯登记；第二，接受外国政府或政府机构、国际组织和外国组织、外国个人、无国籍人士或由其授权的人士，或者接受上述来源钱财的俄罗斯境内法律实体，所给予的物质资产和其他财产；第三，该组织在俄罗斯境内从事政治活动，包括参加那些符合外国利益的活动。为了作为外国代理人在俄罗斯开展活动，一个非政府组织必须向俄罗斯司法部提交登记文件，必须每隔六个月提交一份其活动与管理机构人事构成的报告，还有其资金来源和详细开支的文件，以及该非政府组织发行或传播的资料，另外，需在所发行的刊物等材料上加上“外国代理人”的标签。这是要让美国在俄罗斯的非政府组织暴露于众目睽睽之下，在俄罗斯，外国代理人等同于间谍或卖国者，俄罗斯当局显然是想借此识别和妖魔化那些接受外国资助的非政府组织①。更重要的是，俄罗斯政府明令美国国际开发署在2012年10月1日前停止在俄罗斯的所有活动。

2015年俄罗斯政府又通过了《不受欢迎的外国和国际非政府组织法》（*Federal Law on Undesirable Activities of Foreign and International NGOS*），确定“那些在俄罗斯境内进行威胁俄罗斯的安全和基本利益活动的外国和国际非政府组织，将不受欢迎”。由此，那些威胁到俄罗斯宪法、国防能力或国家安全的外国和国际非政府组织将被清理出境，对这些非政府组织的活动的鉴定工作由总检察长或副检察长执行②。结果，到2016年10月1日，包括国家民主基金会、开放社会基金会、美—俄经济发展和法治基金会、媒体发展投资基金和国家民主研究所在内的美国非政府组织被认定为“不受欢迎的组织”。此后，俄罗斯将这种分类工作进一步细化，越来越多的外国非政府组织被列入名单。简而言之，俄罗斯对非政府组织的系列立法，乃是对美国“民主扩

---

①WOJCCIECHOWSKA E.Uncertain Development of Civil Society in Russia[J].Torun International Studies, 2016(1):73.

②VINOGRADOVA P.Restriction of Rights of Non-Governmental Organizations in Russia As a Subject of Judicial Control[J]. BRICS Law Journal,2016(3):105-110.

展”战略的迎头痛击[①]。美国资深公共外交人士都喟叹，俄罗斯此举让美国过去几十年在欧亚资助扶持非营利部门的心血付之东流，今后开展类似活动必将困难重重[②]。

与此同时，俄罗斯开始注重培育本土的非政府组织，隔绝其与西方的联系和依赖。2001年秋，俄罗斯政府资助、发动了俄罗斯“公民论坛”，俄罗斯境内非政府组织的4000多名代表与会，该论坛设置了20多个“对话平台”，鼓励代表们对国计民生建言献策。此后，俄罗斯政府与国内非政府组织建立了联系机制，加大了资助力度，俄杜马于2005年11月通过决议，拨款1700万美元发展俄罗斯公民组织。同时，俄罗斯政府推动建立非政府组织的自律网络，促使非政府组织结构透明化，防止本土非政府组织与外国非政府组织里应外合[③]。

发展本土非政府组织的重要一环是建立自己的智库来研究世界形势并出谋划策，可谓“以其人之道还治其人之身”。欧亚遗产基金会（Eurasia Heritage Foundation）于2004年成立于莫斯科，其关注点是监测独联体国家的政治进程，保护俄罗斯族和俄语人群在苏联国家的利益，与此同时也负责俄罗斯非政府组织在海外的发展。该智库研究人员亚历山大·杜金（Alexander Dugin）就是新时期俄罗斯扩张主义和民族主义的重要理论家，他鼓吹建立俄罗斯帝国，方式要么是兼并苏联的共和国如格鲁吉亚，要么是吸收进那些讲俄语的领土如东乌克兰和克里米亚。但是俄罗斯这样的行为招致了欧美国家的愤怒，而为了化解这样的情绪，欧亚遗产基金会就让另一个研究人员安德烈·米格兰扬（Andranik Migranyan）于2008年在美国纽约和法国巴黎建立了

---

①KUMAR V.Russia’s“Foreign Agent”Law：A Response to American Democratic Promotion Policy[J]. Comparative Politics，2015(1)：98-99.

②MENDELSON S E.Putin Outs NGO：How to Fight Russia’s Civil Society Crackdown[DB/OL].(2015-10-06)[2018-05-10].https://www.foreignaffairs.com/articles/russia-fsu/2015-10-06/putin-outs-ngos.

③王岳.俄罗斯如何应对外国非政府组织[J].国际资料信息，2008(2)：23-27.

“民主和合作研究所”（Institute for Democracy and Cooperation），目的是澄清欧美国家对俄罗斯的误解，在海外推进俄罗斯的外交利益。此举在美国引发了不小的轰动，认为这是俄罗斯智库到美国现场“观摩”美国式民主的行为。英国学者也认为，俄罗斯与西方的信息战已经打响，在国内镇压西方支持的非政府组织的同时，俄罗斯也通过非政府组织、智库和游说集团来影响欧美的政治辩论[①]。

另外，梅德韦杰夫在2008年建立了智库“当代发展研究所”（Institute for Contemporary Development），研究当代俄罗斯的经济适用房、医疗、人口政策，将“建立公民社会”作为优先发展的课题，显然是要抢占关于公民社会研究的话语权，清除美国在这个问题上的影响；同时也设置了国际开发项目，用于推进俄罗斯公司在海外的扩张与贸易，增强俄罗斯与独联体国家的联系，增加俄罗斯与其他国家的接触。2010年，俄罗斯外交部、教育和科技部、工业家和企业家联盟、国际文传电讯社国际信息组共同建立了智库“俄罗斯国际事务理事会”（Russian International Affairs Councils），这是21世纪俄罗斯政府倾力打造的“航母级”外交类智库，研究范围涵盖全球，既侧重重要国家、集团，也关注非传统安全问题。为提升俄罗斯的软实力，它特意在研究项目之外设立了教育项目，与意大利的威尼斯大学合作研究全球化问题，开设“全球科学”子项目以提高俄罗斯科学界在西方学术出版物上的发文量和影响力，还着力建言献策推动俄罗斯高等教育的国际化，从而进军亚太教育市场。“俄罗斯国际事务理事会”全面发力，短短七年就名列美国宾夕法尼亚大学2016年版《全球智库报告》国防和国家安全类智库全球排名第107位[②]。

---

① HUG A.The Information Battle: How Governments in the Former Soviet Union Promote Their Agendas & Attack Their Opponents Abroad[R].Exporting Repression Series, Foreign Policy Center, March 2017:3.

②MCGANN J G.2016 Global Go To Think Tank Index Report[R]. Think Tanks and Civil Societies Program, University of Pennsylvania, January2017:73.

俄罗斯政府针对流亡国外者伙同西方媒体共同宣扬俄罗斯政府“腐败专横”和“穷兵黩武侵略乌克兰”的问题，进行了新闻体制和对外宣传上的改革。俄罗斯2005年建立了“今日俄罗斯”电视台，现有英语、俄语、西班牙语和阿拉伯语频道，并开设了法语和德语网站。凭借100多名英语记者在全球范围内提供的实时报道，加以高质量且具独创性的设计，使得“今日俄罗斯”在全球100多个国家拥有7亿多受众。在此基础上，2013年年底，俄罗斯政府斥巨资将俄罗斯新闻社、“俄罗斯之声”广播电台两大媒体整合为“今日俄罗斯”国际新闻通讯社。在布局上，“今日俄罗斯”国际新闻通讯社合并了两家媒体已有的国外记者站，增加了记者站的数量，还计划在全球组建12个新闻采编中心；在内容上，“今日俄罗斯”国际新闻通讯社开通了15条新闻专线，实现了对全球新闻的无时差报道。同时，在原有基础上增设了近20个语种的广播①。与此相呼应，2016年版《俄罗斯联邦信息安全学说》突出了信息安全对国家利益的重要性，明确指出要向俄罗斯国内和国际社会提供有关俄罗斯国家政策、俄罗斯官方对于国内外重大事件的态度等可靠信息，维护俄罗斯在文化领域的国家安全。2017年2月，俄罗斯国防部部长绍伊古证实俄罗斯已组建信息战部队，表明俄罗斯已拥有了专门的宣传战部队。

而普京对待美国接纳俄罗斯政治流亡者的反击，就是收留了爱德华·斯诺登（Edward Snowden）。此事的反响与意义，可从中国《环球时报》的社评中看出：“美国不断庇护非西方国家的反叛者，但自冷战结束以来，鲜有其他国家收留美国的反叛人士。美国把这种一边倒的叛逃和收留看得天经地义，它很难承受相反的刺激……莫斯科这次收留斯诺登真正刺痛了美国，展示了俄罗斯对本国实力的空前自信。俄对美国的各种威胁不为所动，让美国拿它没办法的尴尬和无奈充分暴露于天下。②”可以说，普京以前对待美国的这种

①任彦，陈丽丹，林雪丹.欧美与俄罗斯较量“国际舆论场”[N].人民日报，2015-4-10(21).

②社评：俄罗斯收留斯诺登测试美国底线[N].环球时报，2013-8-3(7).

做法可谓鞭长莫及，但是一旦“斯诺登事件”给了俄罗斯机会，普京果断出手，达到了四两拨千斤的效果。

结　语

美国对外进行民主扩展活动，有两个同时进行的过程：第一，美国从国内向国外兜售国际干涉主义，需要美国民众的响应与支持；第二，它间接考验着对象国政府的权力控制能力[①]。

就第一点而言，美国的非政府组织无论是奔赴俄罗斯开展活动，还是帮助俄罗斯政治反对派在美国建立非政府组织，都是不遗余力的。据美国国会研究处2009年的报告，截至2009年7月，美国共有1.47万个非营利组织从事国际事务、外交和国家安全方面的事业[②]。这些可称之为“美国国际性民间组织”，它们正是在1989年东欧剧变后步入突飞猛进的发展时期，已然成为美国公共外交的理想渠道，是美国国家软实力的重要组成部分和实现21世纪美国外交与国家安全战略所必需的基础性因素[③]。

就第二点而言，美国对俄罗斯进行民主扩展活动，实际上就意味着美国已经悄然干涉了俄罗斯的内政。俄罗斯的民主化主要是由其内部力量决定的，但是美国可以让权力的天平向那些为民主奋斗的人倾斜[④]，在俄罗斯政治制度设计的关键时刻，美国的一些组织为其提供了西方的经验，比如选举法、司法制度或联邦主义，这些都为俄罗斯官员确立改革理念、寻找样板、

---

①JADALLAH D.Democracy Promotion and Abstracted Sovereignty[J].Arab Studies Quarterly,2012,34(4):205-229.

②SHERLOCK M F, GRAVELLE J G.An Overview of Nonprofit and Charitable Sector[R]. Congressional Research Service7-5700,R40919,Washington D.C.,November 2009:10.

③徐彤武.美国国际性民间组织研究[J].美国研究,2010,24(4):72-80.

④MCFAUL M.Russia's Transitions to Democracy and U.S.-Russia Relations: Unfinished Business[Z]. Testimony,September 30,2003,Carnegie Endowment for International Peace.

获得信心发挥了作用[①]。这必将影响俄罗斯各派政治力量的消长，威胁俄罗斯的政治稳定和国家发展路径的选择。叶利钦时代听信西方推行私有化改革结果导致国家大乱就是明证。相反的例子是，2012年俄罗斯驱逐美国国家开发署的理由，就是其干扰了俄罗斯的总统大选。因此，也不难理解，普京于2015年年底签署的新版《国家安全战略》第一次明确了美国对俄罗斯安全的威胁，指出："俄罗斯奉行独立的内外政策，招致力图维持世界事务主导权的美国及其盟国的反制。"尤其强调其国家安全的优先方向受到了包括"颜色革命"在内的威胁。如今，连美国学者都不得不佩服普京总统纵横捭阖阻止政治反对派在俄罗斯总统和杜马选举中获胜，从而粉碎西方"颜色革命"图谋的成就[②]。然而，美国针对俄罗斯的民主扩展活动不会停止，因为"民主和平论"在冷战后的美国根深蒂固，俄罗斯的民主与美国国家安全密不可分，一旦专制主义重返俄罗斯，那么美国及其盟友必将再次受到威胁，[③]因此美国只会在汲取经验教训的基础上，更加注重培育新力量、探索新方法，如美国扶持"自由俄罗斯基金会"等行为所表明的。当然，在美国的攻势面前，俄罗斯也会继续见招拆招。

---

①MCFAUL M A.American Efforts at Promoting Democracy in the Soviet Union and then Russia: Lessen Learned[R].Center on Democracy, Development and the Law Stanford Institute on International Studies, Number 44, September 2005.

②BUNCE V.The Prospects for a Color Revolution in Russia[J].Dædalus, 2017, 146(2): 19–29.

③MCFAUL M, MENDELSON S E.Russian Democracy—A U.S. National Security Interest[J]. Demokratizatsiya: The Journal of Post-Soviet Democratization, 2000(3): 330.

第二节 老牌美国智库因应形势设置非洲项目

在美国众多的智库中，有意愿有实力设立非洲研究项目的智库屈指可数，[①]战略与国际问题研究中心、对外关系委员会、威尔逊中心和大西洋理事会便是具备这样资质的著名智库。与此同时，一些专门针对非洲的智库也开展了细致深入的研究，国防部内部智库非洲战略研究中心即是典型。本节即分析这四家著名智库在非洲设置项目的目的、人员构成、研究侧重和会议活动，兼及国防部非洲战略研究中心和约翰·霍普金斯大学保罗·尼采高级国际问题研究院中国—非洲研究计划，以此管窥美国智库的非洲研究，进而剖

①笔者共考察了27家美国智库，除本文所聚焦的6家智库外，还有：布鲁金斯学会、传统基金会、兰德公司、加图研究所、美国企业研究所、美国外交政策全国委员会、美国外交政策理事会、外交政策分析研究所、美国和平研究所、新美国安全中心、战略与预算评估中心、全球发展中心、东西方中心、国家利益中心、新美国基金会、美国进步中心、哈德逊研究所、胡佛研究所、史汀生中心、阿斯平研究所、美国日耳曼·马歇尔基金会、彼得森国际经济研究所。笔者发现，美国外交政策全国委员会也设立了非洲项目，由前美国驻塞内加尔大使、里根总统国家安全委员会非洲事务高级顾问、老布什总统非洲事务助理国务卿赫尔曼·科恩(Herman Cohen)任项目主任，其设立目的是要明确美国在非洲的利益，构筑“二轨”外交通道。但该项目成立以来，几乎没有开展任何研究或活动。另外，哈德逊研究所的研究议题中有非洲，加图研究所和美国企业研究所在其“外交和国防政策”项目下设有中东和撒哈拉南部非洲课题。总而言之，非洲研究不是美国智库的核心课题。当然，这并不是说没有设立非洲项目或者列有非洲议题的智库就根本不开展非洲研究，只是相对较弱而已。

析其对中国涉非智库的启示①。

一、战略与国际问题研究中心的非洲研究项目

1962年成立的战略与国际问题研究中心，是一个享誉世界的国际关系类智库，其研究素以深厚严谨著称。其非洲项目的使命是，对美国的非洲政策的主要部分进行持续和及时的研究，以中立和前瞻性的研究界定危险因素，提供及时、超党派的和适用的建议，以此来建立美国国会、行政部门广泛的决策圈。该项目一直关注美国—非洲关系的新维度，包括美国抗击艾滋病和传染病、非洲地区冲突、重要的双边关系、上升的能源和安全利益问题。它从人权组织、私人公司、救济组织、国会人员、管理部门、学术界和活动家中获取丰富有益的讯息，并淬炼成自己的主张。

项目主任杰尼弗·库克（Jennifer G. Cooke）曾在科特迪瓦和中非共和国居住，并在众议院外交关系委员会非洲小组委员会任职，2000年加入战略与国际问题研究中心。她侧重关注安全接触、健康援助、冲突外交、支持良治，特别注重分析非洲国家内部的经济和政治动力。副主任理查德·唐尼（Richard Downie）曾在英国广播公司工作，此后在美国智库对外关系委员会与和平研究所工作，并在美国国防大学非洲战略研究中心和国务院外交事务研究所授课。他侧重分析撒哈拉南部非洲的政治、经济、社会和安全形势。

战略与国际问题研究中心的非洲研究项目设立了十个子项目。

第一个是美国对非政策，它曾发布了三份很有价值的报告：《提高美国的能源利益》《美国接触尼日利亚的机会》和《布什总统的美国对非政策》。其一是要美国注意到西非几内亚湾的巨大石油潜力；其二是要劝导美国接近产油大国尼日利亚；其三是在2009年一次规模很大的研讨会后发布的，其意是

---

①中国社会科学院西亚非洲研究所的刘中伟博士已就如何看待中非关系采访过8家美国智库，详见：刘中伟.美国智库眼中的中非关系[N].中国社会科学报，2012-12-12(B04).

要为新就职的奥巴马政府提供建议。

第二个是非洲安全议题，这是其用心运作的一个议题，又涵盖五个小课题。其一是鼓励美国对非洲警察改革采取更具战略性的态度。其二是关注2007年才成立的非洲司令部。2010年7月，该研究所邀请了非洲司令部司令威廉·沃德参加“军事战略论坛”作主题演讲。其三是“压力考验非洲国家”，着重分析10个非洲国家未来10年可能面临的危机（这10个非洲国家是安哥拉、博茨瓦纳、埃塞俄比亚、加纳、肯尼亚、尼日利亚、卢旺达、塞内加尔、苏丹和乌干达）。其四是科特迪瓦危机。其五是东非的政治和安全趋势，研究了肯尼亚新宪法通过后的影响、索马里恢复政治秩序的进程、厄立特里亚和埃塞俄比亚的疆界冲突、亚丁湾和印度洋海盗。

第三个是它联合斯蒂文·莫里森主掌的全球卫生政策中心发动的“非洲和全球卫生”项目，目的有三：其一是提高非洲国家设计和制定国家卫生战略的责任；其二是探索新方法以提高非洲国家的卫生能力；其三是指导美国接触南非、尼日利亚和安哥拉。

第四个是非洲访谈系列。

第五个是选举。鉴于2011年非洲有28个国家进行选举，非洲项目遂设立了这个子项目，此后继续关注非洲国家未来的选举。

第六个是“克服投资非洲的障碍”，鼓励美国公司进入撒哈拉南部非洲国家进行投资。2012年7月，它邀请国际开发署主管非洲事务副署长的助理Raja Jandhyala参加“促进对非洲的贸易和投资”讨论会，介绍了国际开发署新近推行的“非洲私人资本小组计划”（Private Capital Group for Africa），宣告美国政府将投入5亿美元帮助美国企业家到非洲投资置业。

第七个是在线非洲论坛，目的是就美国对非政策展开讨论。

对中国在非洲的活动及影响的持续关注，是战略与国际问题研究中心的非洲研究项目的一大显著特点。自2008年以来，它先后发布了报告《中美在非洲的接触：提高中美合作的展望》《中国在非洲的软权力》。2011年7月14

日，邀请中国学者参加了“中美在非洲的经济接触”讨论会；2012年9月，邀请美国乔治城大学的教授戴维·西恩和美国对外政策理事会的耶素·华艾斯曼参加“中国和非洲”讨论会。其核心主张是劝导美国放低扩展民主活动的基调，增强非洲治理能力，营造市民社会，建立一个既能从战略上调控中国，又能有益于非洲人民福祉的机制；加大同中国在健康、农业、维和等非洲问题上的协作，同时在诸如气候变化、食品安全、清洁能源等全球性问题上也达成合作，而在武器销售、透明度、解决冲突、环保等问题上，美国应同中国、非洲建立一个制度性的高级别沟通渠道。

二、对外关系委员会的非洲研究项目

对于拥有近百年历史的对外关系委员会而言，非洲研究项目是其16个项目中的一个，研究人员只有两人，应该说属于弱势项目。但是即便如此，这个项目也体现了对外关系委员会一贯的特点和魅力。对外关系委员会的非洲研究项目主任约翰·坎贝尔（John Campell）是尼日利亚问题专家，1975—2007年作为美国外交官出使多个国家，包括1988—1990年任美国驻尼日利亚大使政治顾问、2004—2007年任美国驻尼日利亚大使。坎贝尔于2010年推出的专著《尼日利亚：边缘上的舞蹈》探讨了西非大国尼日利亚去殖民化后的历史，指出石油财富、腐败盛行和精英内讧共同削弱了尼日利亚新生的民主制度并且造成了庞大数量的人口的贫困。他为美国如何避免尼日利亚崩溃提出了几条建议，劝导美国要在尼日利亚经济、社会和政治发展中发挥积极作用。为此，他还建立了“尼日利亚安全追踪系统”以便及时记录和描绘尼日利亚的暴力事件。副高级研究员珍大贻·法拉则（Jendayi Frazer）1998—1999年任对外关系委员会国际事务研究员，此后进入国防部成为参谋长联席会议政治—军事规划事务的职员，其间帮助尼日利亚过渡为文职总统统治，然后成为国家安全委员会非洲事务的主任，主管中非和东非事务。2001—2003

年，珍大贻·法拉则任美国总统非洲事务特别助理，2004年她成为美国驻南非第一任女大使。她因杰出的成就屡次获得美国国务院和国防部的褒奖。

对外关系委员会的非洲研究项目是通过两个前后衔接的圆桌系列来展现的。先是2009年发动的“美国在非洲的战略伙伴圆桌系列”，这是美国在撒哈拉南部非洲的利益上升后的一个决策。它意识到为了解决国家安全、发展、贸易、人权、环境和自然资源等问题，美国需要在非洲寻找稳定可靠、治理良好的地区性伙伴。可是，腐败、内战、环境恶化、贫困和传染病又给这些地区的人民造成了伤害，也削弱了美国在民主和发展维度上的核心利益。为此，它推出这个项目，希望就如何促进美国在该地区发挥积极性作用展开讨论，加强非洲国家为人民服务的能力，敦促非洲国家就共同关心的问题进行磋商。对外关系委员会格外关注尼日利亚和南非。此项目自2009年1月20日起至2013年3月，共开展了18次圆桌会议，其中涉及尼日利亚的会议有10次，主要关注该国的石油开发、选举、经济和安全犯罪、对美国非洲司令部的接受等问题，还有两次是对整个撒哈拉南部非洲的腐败、商业和人权问题进行系统探讨。

2011年3月11日，对外关系委员会的非洲研究项目又与时俱进地推出了“50次圆桌会议之后的非洲系列”，这是因为它看到中国、印度和中东国家进入非洲，致使非洲出现更为复杂的外交环境，同时，由于非洲十几年来的经济发展，非洲涌现了很多企业家，城市中产阶级的数量也飞速增长，青年人口激增，网络等新媒体出现，这些内外因素为非洲未来50年的发展奠定了基础。环视整个非洲，政治稳定和安全依然脆弱，有赖于非洲国家和地区性组织的维稳能力。虽然非洲联盟及次地区性组织在解决冲突上愈加积极有力，但是非洲长期的安全需要地区和国家层面治理上的创新。此系列就是要促进对这些人口变化、政治和社会制度乃至金融和基础建设的讨论。概而言之，此系列是要探讨美国改变非洲的新思维和新战略。“50次圆桌会议之后的非洲系列”自推行以来共举行了8次圆桌会议，有4次会议分别是坦桑尼亚、南非、利比里亚和尼日利亚的高官作演讲，有1次会议是邀请世界银行非洲地区副主席讨论非洲作为新兴市场的问题，还有1次会议是邀请美国国防部负责非洲事务的副国防部部长的助理讨论撒哈拉南部非洲的安全形势。

三、威尔逊中心的非洲研究项目

成立于1968年的威尔逊国际学者中心（一般简称为“威尔逊中心”），是一个非常活跃的学术交流和研究机构。其非洲项目设立于1999年，聚焦于接触华盛顿涉非的决策层，其核心使命是通过研讨班、会议、出版物、研究项目、公共和媒体拓展以及在非洲战后国家开展培训活动等，促进决策者、外交官、非政府组织、战地指挥官和专家之间的高规格对话。其研究聚焦于冲突地区，比如苏丹、刚果民主共和国、尼日利亚三角洲地区、科特迪瓦和肯尼亚，此外还涉及一些重要问题，比如贸易、增强国家实力、信息和通信技术、反毒品走私和地区经济融合问题。其出版物也分为：非洲之角特别出版物、特殊报告、员工文章、非洲项目政策简报、尼日利亚三角洲特别出版物、会议和进程报告、非洲学者论文等系列。

威尔逊中心有3名人员。主任史蒂文·麦克唐纳（Steven McDonald）是位履历丰富的外交官和民主斗士。20世纪70年代，他曾任美国驻乌干达、南非、安哥拉、莫桑比克、布基纳法索、佛得角和圣普的使节，并参与诸如津巴布韦、布隆迪和纳米比亚的内战调停。1982—1985年曾任美国—南非领导人发展项目主任，此后他在美国国家民主促进会和非裔美国人研究所工作，从事民主推广活动，曾作为埃塞俄比亚、贝宁、加蓬、塞拉利昂、马达加斯加等国的选举观察员，并作为团队人员设计过南非、乌干达和尼日利亚选举中教育、监测和培训工作人员的活动。他还曾邀请美国国际开发署、美国国防部、世界银行和联合国基金会，发动了一系列评估军事在非洲民主化过程中的作用的会议。他还主管非洲地区选举援助基金会（the African Regional

Electoral Assistance Fund），指导和培训全非洲国家的选举工作人员、观察和监测选举的工作。2006年他与前主任霍华德·沃尔夫（Howard Wolpe）就布隆迪问题写的《为和平培训领导人》是其通过培训非洲领导人从而推广民主促成非洲民主思想的集中体现。即便如此，史蒂文·麦克唐纳也十分重视非洲所蕴藏的巨大经济机会，他曾撰文批评美国只注重提高在非洲的安全利益，没有认识到非洲即将成为经济繁荣之地的前景。

威尔逊中心的非洲研究项目有六个方向：公共论坛和会议；布隆迪领导权培训项目，这是它从世界银行获得资助，借此培训布隆迪国家领导人进行战后重建和发展经济；刚果民主共和国领导权培训计划；访学奖励和研究，目前有6名客座研究人员，其中3名分别来自南非约翰内斯堡大学、英国开放大学和德国智库乔治·马歇尔中心，另3名是美国学者；私人国家顾问和工作组会议，这是它与英国智库查塔姆社合作而开展的一种闭门会议，特邀学者、专家、非政府组织、政府部门的人士，组成工作组专门研究塞拉利昂、布隆迪、尼日利亚三角洲地区和苏丹等国家和地区的形势；与非洲许多国家的智库，和欧美的基金会、媒体乃至智库联合起来搭建一个共同讨论非洲问题的项目。

威尔逊中心更多侧重利用各种形式的活动来实现其目标。2013年第一季度共举行了8次活动。重要的有：1月16日，邀请主管非洲事务的副国务卿卡松（Carson）参加“美国—非洲关系过去的四年和未来”论坛，评论过去几年双边关系的进展，指出有待改善的方向，预测非洲即将出现的挑战。2月6日，邀请刚果民主共和国总理马塔塔·蓬约·马蓬（Matata Ponyo Mapon）就该国的安全和发展议题进行演讲，并请美国负责非洲事务的副国务卿帮办Cynthia Akuetteh作为主持人加以点评。2月11日，邀请南非著名反种族隔离人士弗兰克·奇坎内（Frank Chianne）做客“未来四年南非的挑战”活动，这位自1994年后便成为南非历届总统的总顾问的政治家，以其特有的体验探讨了南非治理的问题。3月27日，邀请美利坚大学和乔治城大学的两位学者讨论石油在非洲国家治理过程中如何避免“资源诅咒”效应。

四、大西洋理事会的非洲研究项目

成立于1961年的大西洋理事会，一直以提升跨大西洋合作和国际安全作为自己的研究宗旨。因应非洲战略地位的提高，大西洋理事会于2009年设立了安萨里非洲中心（Ansari Africa Center），其目的是要促进同非洲国家在地缘政治上的伙伴关系，帮助美国和欧洲将对非政策转变为促进非洲国家的经济增长。它宣称要通过一系列的国会听证、出版物、简报、活动，为美国决策者应对非洲安全、地缘政治和经济等三个领域即将出现的挑战提供建议。

大西洋理事会的非洲研究项目有6名研究人员，著名非洲问题专家皮特·帕姆（Peter Pham）为项目主任。皮特·帕姆曾任詹姆斯·麦迪逊大学内尔逊国际和公共事务研究所所长，后到美国外交政策全国委员会任高级副总裁及刊物《美国外交政策利益》的编辑，最后才移步大西洋理事会。在实践上，他曾受美国国际开发署下属的国际共和研究所委托，监督利比里亚2005年的全国大选、尼日利亚2007年和2011年的两次全国大选、索马里2010年的全国大选。他在学界声望很高，是美国中东和非洲研究学会副会长，兼任学会刊物《中东和非洲研究》的主编。此外，他还任外交部外交事务研究所、陆军战争学院和联合特种作战大学等机构的客座研究员。值得一提的是，他一贯主张美国强力介入非洲事务，是敦促美国建立非洲司令部的关键性学者之一，2008年曾受非洲司令部首任司令威廉·沃德之邀，在非洲司令部成立大会上作主题发言。皮特·帕姆还是个非常活跃的学者，经常出现在美国乃至世界各大媒体上，包括中国的中央电视台和《三联生活周刊》。副主任布朗伦·布鲁顿（Brownyn Burton）生于斯威士兰，长于博茨瓦纳，曾在美国全国民主促进会负责针对东非和南部非洲国家的项目管理，后在美国国际开发署和政府审计署工作。她侧重非洲之角研究。鲁道夫·阿塔拉（Rudolph

Attallah）生于黎巴嫩贝鲁特，曾在美国空军服役21年，执行过空战、特种作战和情报搜集工作，2003—2009年任国防部部长办公室非洲反恐事务主任，是美国国务院顾问。他熟知非洲、中东和欧洲的空中防务形势，是美国炙手可热的熟知国家安全、反恐和情报的人物。杰拉德·普尼尔（Gerard Prunier）曾任法国第一大官方智库国家科学中心和巴黎大学的教授，2001—2006年是法国外交部的二号人物。杰拉德·普尼尔以其对卢旺达内战和达尔富尔危机的研究闻名西方世界，著有多本专著，并因此被法国外交部、美国国防部和国务院，乃至许多欧洲和非洲国家政府和私人公司聘为顾问。他也是中东和非洲研究学会的骨干。综而观之，大西洋理事会的非洲研究项目专职研究人员人数众多，人员背景最为复杂多元，涵盖了学界、军界和政界的精英，同时国际化色彩最为浓厚。

在研究重点上，大西洋理事会非洲研究项目侧重关注非洲国家解体、人道主义危机、西非与萨赫勒的极端主义和犯罪、北非的政府过渡、中部非洲和南部非洲即将出现的挑战、伊斯兰极端主义势力对非洲政治和经济不断加大的影响。它劝导美国在国际交往中形成建设性的领导权，它虽然强调非洲逐渐上升的战略地位，但它更多的是从新兴大国进入非洲的角度来论证的，皮特·帕姆就曾撰文详细分析了中国①、印度②和巴西③挺入非洲的重大寓意及其对美国和欧洲的影响。皮特·帕姆将中国挺进非洲的背景概括为两点：中国成为世界第二大经济体和世界第二大石油消费国，中国成为唯一能挑战美国单级霸权的国家；将中国对非政策的目标也概括为四点，即获取资源、寻找商机、赢得外交支持和建立战略伙伴关系；将中国挺进非洲之于美国的寓

①PHAM J P.China's African Strategy and Its Implications for U.S. Interests[J].American Foreign Policy Interests,2006,28(3):239-253.

②PHAM J P.India's Expanding Relations with Africa and Its Implications for U.S. Interests[J]. American Foreign Policy Interests,2007,29(5):341-352.

③PHAM J P.Brazil's Expanding Links in Africa: Lula's Positive Legacy[R].World Defense Review,Oct.10.2010.

意总结为四条，即中国的公司受政府保护而比西方公司有优势，中国将政治条件与经济活动脱钩使原本在西方压力下匍匐求生的非洲独裁国家起死回生，中国阻碍了其他大国提高非洲透明度和治理的努力，中国改变了非洲的军事力量平衡。其结论是中国在非洲突飞猛进，对美国既是挑战也是机遇，也就是说中美围绕非洲石油和扩大各自影响力展开竞争是必然的，但美国确实也需要中国参与到对非洲腐败国家的管制中来。

为了更好地开展研究和影响决策，大西洋理事会非洲研究项目设定了五个议题：影响非洲安全政策，非洲富饶，非洲新兴经济强国，同非洲领导人对话，未来领导人。

相对而言，大西洋理事会是美国最为活跃的涉非智库。自2012年至2013年3月，其非洲项目组共举行了7次圆桌讨论会，先后邀请了卢旺达总统、南非司法和宪法发展部部长、南苏丹外交事务代表、尼日利亚司法部部长、摩洛哥外交和合作事务代表、英国首相萨赫勒特使、苏丹政府高级代表团参与研讨会。同时，也发布了4份反海盗工作报告，2012年9月26日还发布了《2012年非洲经济展望》报告。同期，它还召开内部讨论会，研讨尼日利亚、卢旺达、索马里、津巴布韦、刚果、苏丹、马里等国的政治形势。

五、非洲战略研究中心的非洲研究项目

非洲战略研究中心（Africa Center for Strategy Studies）是美国国防部内部五大区域研究中心之一（另外四个是亚太、欧洲、近东南亚和西半球），成立于1999年，最初在弗吉尼亚州阿灵顿市，2004年搬到华盛顿特区国防大学校内。其创立缘于1994年欧洲司令部请求众议院国际关系委员会成立一个类似于乔治·马歇尔欧洲研究中心的机构，1998年克林顿总统访问撒哈拉南部非洲时，也深感有必要建立一个机构来推进美非关系，于是他责成负责非洲事务的助理国务卿苏珊·赖斯筹划此事。可以说，非洲战略研究中心的成立，

标志着非洲战略地位的上升。2006年10月，非洲战略研究中心在埃塞俄比亚首都亚的斯亚贝巴建立东非地区办公室。2008年11月，在塞内加尔达喀尔建立了西非地区办公室，旨在强化同非洲国家、非盟、次地区性组织和国际组织的关系，加强同非洲防务、军事和民间精英的联系，更好地支持和执行总部的计划。非洲战略研究中心是非洲司令部的对应辅助研究机构。

非洲战略研究中心的使命，是帮助非洲国家提升军民合作，尊重民主，保卫人权，在此基础上应对其所面临的挑战，从而在根本上保护美国在非洲的外交和安全利益。为达到此目标，非洲战略研究中心将通过与非洲友好国家和国际组织开展积极的学术交流和拓展项目，提高非洲国家的战略能力，促成良好的协作关系。同时，非洲战略研究中心还出版图书、发表研究论文、发布非洲安全简报和特别报告。

非洲战略研究中心有14名人员，研究人员12名，履历都很丰富，很多以前都在欧洲司令部工作。主任威廉・贝拉米（William M. Bellamy）此前是国防大学副校长，2003—2006年任美国驻肯尼亚大使，2001—2003年任美国负责非洲事务的助理国务卿帮办，对美国对非政策熟稔有加。副主任兼首席运营官迈克尔・加里森（Michael Garrison）是退役陆军上校，其28年的军旅生涯多半是在非洲度过的，受国防部委托多次参与非洲国家的调停谈判，此后任国防部部长办公室南部非洲事务主任。非洲战略研究中心颇具特色的地方是有一位法国代表夏威尔・克林龚（Xavier Collignon），此人是法国海军陆战队上校，其25年的军旅生涯很多跟非洲有关。非洲战略研究中心还设有西班牙代表1名，目前该职位空缺。

非洲战略研究中心设立了16个项目，具体是：阻止东非青年激进化，管理非洲安全资源，当下拓展项目系列，非洲防务大使馆专员，非洲安全议题研讨班，高级领导人研讨班，非洲之角安全研讨班，下一代非洲安全部门领导人课程，非洲行政官员对话，阻止东非恐怖主义，美国非洲司令部高级区域研究，跨国威胁研讨会，东非地区工作坊，安全部门改革和变革工作坊，非洲学者研讨会，非洲国防力量联合准尉培训班。它尤其关注非洲安全问题，在这个宏大的论题之下，又详细从19个方向进行深入研究，具体是：非洲安全挑战，打击有组织犯罪，冲突预防或消除，打击极端主义势力，反走私，民主化，选举安全，认同危机，非常规战争，海疆安全，自然资源和冲突，维和，海盗，战后重建，阻止和遏制军事政变，地区和国家安全合作，安全与发展，安全部门改革，稳定脆弱国家。

更值得称道的是，非洲战略研究中心除了将北非和萨赫勒地区作为一个次区域进行整体研究外，还详细研究一个个具体非洲国家的安全和政治形势。研究如此细致，实在是上述四大著名智库所无法比拟的。这也正是非洲战略研究中心的魅力和价值所在。

六、约翰·霍普金斯大学保罗·尼采高级国际问题研究院中国—非洲研究计划

2014年，美国著名高校类智库约翰·霍普金斯大学保罗·尼采高级国际问题研究院建立了中国—非洲研究计划（China-Africa Initiative），其使命是“开展研究，执行实证分析，促进协作，培养未来领导人深刻理解中非关系的各种维度以及它们对人的安全和全球发展的寓意”，其口号就是“实证、分析和协作”，具体研究方法就是收集各种数据并建立数据库、田野调查、会议和协作，研究领域分为四个主题：中国对非洲的农业投资，中国对非洲的贷款，非洲的产业，中国对非洲的直接投资和非洲的产业结构变化。这应该是美国智库中第一家专门设立机构来集中研究中非关系尤其是中非经济关系的组织。

借助欧洲国家智库的资金支持，到非洲国家进行实地田野调查，是中国—非洲研究计划的一大特色。比如，它在英国智库“经济政策研究中心”（the Center for Economic Policy Research）的“低收入国家私企的发展”项目的资助下，奔赴埃塞俄比亚调查该国皮革业和针织业的发展情况，然后赴加

纳、尼日利亚和坦桑尼亚调查，在研究了这4个国家90个中资公司对其产业发展的投资和运行情况后，先后在2014年、2016年发布了《埃塞俄比亚产业集聚——评价中国的影响》和《向中国学习——中国投资和尼日利亚产业发展》报告。

它最倾力做的项目是中国对非洲的农业投资，曾在理查德·史密斯基金会和梅琳达·盖茨基金会的资助下，于2011—2015年奔赴马达加斯加、莫桑比克、赞比亚、安哥拉、津巴布韦、马拉维、尼日利亚、乌干达、埃塞俄比亚等国展开调研，事后发布了多份个案研究性质的简报，也有关于中国培训非洲农业官员的研究，最后出版了专著《非洲将养活中国吗?》。

“实证”口号体现在其数据库建设中，其数据库包括中国在非洲的农业投资、中国和美国对非洲的直接投资、中国在非洲的合同、中国官方的对外开发援助、中国—非洲贸易、中国对非洲的贷款、在非洲的中国工人等七个议题，都配有细致的图表来描述其态势，如图2-1所示的中美对非直接投资对比图。

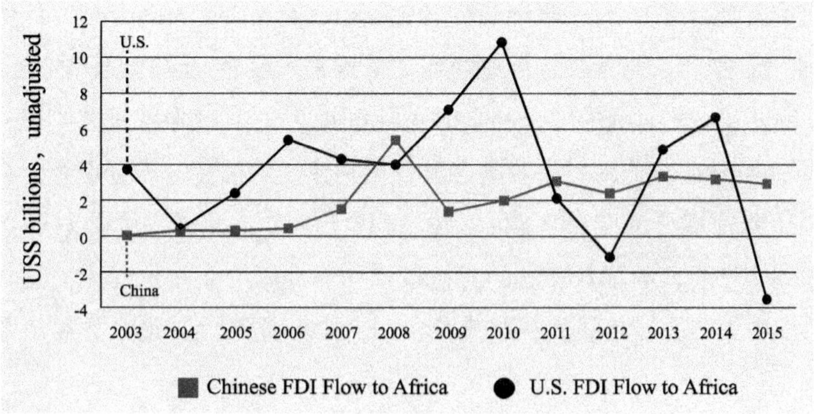

图2-1　中美对非直接投资对比图

中国—非洲研究计划也举行大型学术会议，如2017年年底举办的“特朗普时代的中—美—非关系”政策圆桌论坛，来自美国贸易和发展部的官员与来自卡特中心、布鲁金斯学会、史汀生中心、全球发展计划等智库的学者以及风险投资公司的总裁济济一堂展开讨论。2018年也举行了关于电影《战狼2》和中国投资、知识传授对非洲制造业部门的影响的专题会议。

但是中国—非洲研究计划的特殊之处在于，它的资金基本来自其他机构或智库，就美国国内而言，最大的资助来自纽约卡内基公司。纽约卡内基公司本身是卡内基公司的重要分支，但是其业务却是从事民主扩张、国际和平与安全、非洲的高等教育和学术研究等。它资助中国—非洲研究计划开展针对中国对非投资和产业的田野调查，维持官网运行。它在国际上的捐助者却是英国国际开发部以及英国智库联合体经济和社会研究理事会，两者又设计打造了一个名为“低收入国家私企的发展”的项目，由此开展研究，提供捐助，实际上是英国政府和智库联合打造的另一个智库。

中国—非洲研究计划非常注重媒体工作，经常在美国主流媒体如《洛杉矶时报》《外交》等发表文章，也专门开辟了博客。它设有访问学者项目，希望应聘者能到霍普金斯大学开展为期一个月的研究，针对中国对非投资、技术转移、医疗援助、制造业投资等具体议题开展研究，已经实施了三届，能够入选的都是非洲发展银行人员、明尼苏达华裔博士这样的专业人才。

中国—非洲研究计划专职人员不多，绝大多数为在保罗·尼采高级国际问题研究院读博的华裔学生，但其执行主任却是黛博拉·布罗蒂加姆（Deborah Bräutigam）教授，她长期研究中国和非洲关系，此前在美洲大学任教，著有多部关于中非关系的著作。对于《龙的礼物——中国在非洲的真实故事》，西方评论家认为此书对那些曲解中国在非洲影响力的言论进行了有力驳斥。黛博拉·布罗蒂加姆教授既赞赏中国为非洲带来的财运和机会，也提到了中国面临的挑战和风险。该智库还聘请了12位专家为客座研究员。

七、对中国涉非智库的启示

上述六家智库，不论是综合类著名智库的非洲研究项目，还是专门面向非洲的智库，它们的设立与研究充分表明了冷战结束后，非洲在美国战略地图上重要性的凸显。通观其研究，可以发现它们的共同特点：第一，都对非洲近年来国际形势的变化产生了强烈的认知，既意识到非洲内部涌现了新的力量，也发现中国、印度等新兴国家涌入非洲产生了强大的辐射效应。第二，都强调非洲具有重要战略价值，尤其是突出其不断增多的经济机会。第三，都重视对非洲地区性大国（如南非、尼日利亚）的关注。第四，都关注非洲的安全形势，都希望非洲国家能提高禁暴止乱的能力。第五，都希望美国的价值观能在非洲得到尊重和实践。第六，都开展广泛的学术交流和形式多样的活动。第七，其研究人员，尤其是项目负责人，有丰富的外交履历。

但是，由于各个智库的历史渊源和设置目的的不同，在具体研究上还是存在诸多差异。首先，表现在研究的精细度上，如美国国防部非洲战略研究中心的研究就更细致深入，其研究议题十分具体，既能深入研究单个国家，也能从各个维度横向研究某个问题。其次，在研究人员的构成上，如大西洋理事会非洲项目主任皮特·帕姆更多是个学者，而对外关系委员会则是由具有丰富外交经历的前外交官主掌。再次，研究的侧重不同，威尔逊中心更多的是侧重安全和治理问题，而对外关系委员会更倾向从非洲整个人口、社会、技术变动的宏观角度来审视非洲发展。

“他山之石，可以攻玉”，美国智库的非洲研究项目能为中国涉非智库的发展提供一些启示。我们可以先盘点一下中国智库的非洲研究情况。在综合类智库里，非洲一般跟西亚或者中东一样，是作为一个研究领域来划分的，这方面最典型的是上海国际问题研究院，它设立了西亚非洲研究中心，共有9名成员，主任是叶青教授，其中专长于非洲研究的有3名，侧重研究大国对非政策。中国现代国际关系研究院也设有西亚非洲研究所，该所以动态跟踪与基础研究为重点，重视区域内国别政治、经济、文化、安全与对外关系研究，侧重区域政治、经济、安全、社会形势及综合性课题研究，专题研究涉及阿拉伯国家联盟、海湾合作委员会、欧佩克、欧盟—地中海伙伴关系、非盟、非洲发展新关系计划，以及巴以争端、伊拉克问题、库尔德问题、伊朗核危机、达尔富尔危机、种族和部族冲突等热点问题。本所与研究对象国诸多学术机构保持有广泛密切的交流合作关系。其网页只介绍了3名领导人员，所长是牛新春研究员。中国国际问题研究所甚至没有设立专门的西亚非洲研究机构，只有一个“发展中国家研究部”。其职责是“从政治、经济、社会发展等角度关注发展中国家在全球事务中的作用和影响，研究中国和发展中国家的关系，为增强中国与其他发展中国家的互利合作关系提出建议；研究中东问题、印巴问题、南亚问题和非洲有关热点问题及其国际影响”。中国社会科学院西亚非洲所设有专门的非洲研究室，共有7名研究人员，室主任是贺文萍研究员。其研究宗旨是“除了继续跟踪非洲重大政治、经济热点问题和突发事件外，将研究重点转入对当代非洲政治经济发展问题的多学科、综合性研究”。当然，其他科室，如国际关系研究室和社会文化研究室也有人员从事非洲研究。该所还发行刊物《西亚非洲》，是中国展示非洲研究成果的重要平台。

中国另一个非洲研究阵地是高校的非洲研究中心，有北京大学非洲研究中心、浙江师范大学非洲研究院、上海师范大学非洲研究中心和云南大学非洲研究中心。北京大学非洲研究中心成立于1998年，其特点是综合性强、跨学科、跨院系，其基础是北京大学亚非研究所。它是中国第一个研究非洲问题的高校中心，由李安山教授领衔。北京大学非洲研究中心的主要任务是协调和组织全校的非洲研究，举办报告会、讨论会和讲座，协助培养硕士生和博士生，接受来自校内外的咨询和人才培训任务，组织和推进国内外各种学术交流，出版“非洲研究丛书”和发表年刊《非洲学研究》，发行电子刊物

《北大非洲电讯》。总体而言，北京大学非洲研究中心更多是依托北京大学整体的学术研究实力来开展形式多样的活动。相比之下，浙江师范大学非洲研究院和上海师范大学非洲研究中心则是另一番风景。浙江师范大学非洲研究院成立于2007年9月，是中国高校建立的首家规模最大的综合性非洲研究院，“旨在以高起点、国际化的视野，聚集有志于非洲研究之英才，经若干年努力，建设成为一个学科综合、队伍一流、管理先进的集学术研究、人才培养、政策咨询、国际交流为一体的非洲研究机构，以学术服务于国家外交、地方建设及学校发展”。该院由刘鸿武教授担纲，设有非洲政治与国际关系、非洲经济、非洲教育、非洲历史文化、非洲音乐5个研究所，共有27名研究人员。该院还创办刊物《非洲研究》，建立了非洲特色数据库。因此，浙江师范大学非洲研究院立意很高，人员整齐，特色鲜明，国内外学术交流频繁。更可贵的是，它积极开展广泛的调研活动，进而为国家对非政策献计献策，展现了良好的发展势头。上海师范大学非洲研究中心成立于1998年，主任是舒运国教授，有专职人员6名，兼职人员6名，特聘研究人员3名，侧重研究非洲历史、非洲经济、非洲一体化和中非关系。云南大学非洲研究中心依托其国际关系学院，成立于21世纪初，现有6名研究人员，侧重研究非洲科技、非洲国际关系理论、非洲人类学。通观中国高校的非洲研究，可以发现一个显著的共同点，那就是十分注重与教育部、外交部等政府部门的关系，其承担了国家社科基金、教育部和外交部的委托项目等，这是中国国情下的智库发展之路。换言之，中国智库的非洲研究很大程度上是项目驱动的。

对于中国涉非智库而言，第一，应该拓宽研究议题，最为迫切的是将选举纳入研究选题，虽然长期以来在中国学者的思维里，选举似乎不是一个值得重视的问题，但是非洲近期形势的发展表明，中国必须重视非洲国家的选举，并应做好预测研究，提供预案。第二，应该鼓励青年学者奔赴非洲进行实地考察，参与当地政治和社会活动，这样才能获得一手的体验和知识，由此才能够更好地研究非洲。第三，就是扩大国际交流，不但同欧美国家，还应同印度、巴西、土耳其这样新近进入非洲的国家的学者进行对话。第四，应该提升研究的境界，确立具体的研究课题，积极向战略与国际问题研究中心学习，避免大而空的选题，进行针对单个国家的细微研究。第五，加强网站建设，力求将研究成果翻译成英文、法文、葡萄牙文等多种文字版本，让世界各国学者都能领略中国学者的风采，倾听中国学者的声音。第六，有实力的研究机构应该效法美国国防部非洲战略研究中心在非洲设立两个地区性中心的做法，选取适宜的国家，建立分部或者办公室，加强同非洲国家、非政府组织和非洲国际组织的接触。

第三节 老智库向全球推广美国城市治理经验

2012年5月，美国前国务卿希拉里高调出席美国的国际市县管理协会与中国政法大学联合举办的中美绿色能源合作伙伴关系计划签字仪式。希拉里缘何热衷此事？因为早在2011年国际市县管理协会就遵照美国国际开发署“让城市运转”（Make Cities Work）项目组的指示，在中国政法大学设立了中国中心，倡导“创新城市管理”（Better Management，Better Cities），试图向快速城市化的中国输出城市治理经验，贯彻国际开发署《2011—2015年政策框架》中“提高地方能力”的原则，践行希拉里在美国第一版《四年度外交和开发评估报告》中宣扬的新型开发观。可以说，国际市县管理协会已成为美国国务院、国际开发署执行以城市为渗透武器这种新式开发观的马前卒，而美国利用城市来进行海外渗透的来龙去脉则值得深入研究。

一、国际开发署推广城市治理经验的传统与强化

当前美国国际开发署强化通过城市来进行渗透的做法也是源远流长，国际开发署成立于1961年，其产生所依据的《对外援助法》中就有“鼓励城市中的穷人参与所在国家的经济和社会发展”的内容。1973年国际开发署54号政策决议书《城市开发指导性申明》提升了城市开发的重要性，并建立了城

市开发办公室，随后加强了对城市问题的研究并在非洲和南美开展了一些相关项目。1976年其政策决议书《城市化和穷人》倡议开展城市规划、社会项目和就业培训等活动来帮助城市穷人，且首次整合属下各部门在一个城市开展联合行动。但国际开发署的目标活动区域依然集中在发展中国家的农村地区，对此种模式的反思发生在1984年，是年国际开发署政策文件《城市开发政策》[①]清晰地显示了这种检讨。文件指出，城市化正在加速，到2010年最不发达国家人民的大多数将居住在城市，而国际开发署此前的活动并未给予城市以应有的重视；城市消耗了一个国家的大部分资源，因此城市的管理将对一个国家及其发展产生或好或坏的影响；未来国际开发署的城市项目将侧重支持城市制度建设。

这份文件承前启后，因为1998年国际开发署署长布里恩·阿特伍德（Brian Atwood）发动的城市化工作组所提供的报告《让城市运转起来：国际开发署的城市战略》[②]奠定了其城市政策的基调。报告高瞻远瞩地预测："当21世纪实现超过50%的城市化时，美国的开发援助项目唯有置于城市视角内才能更为有效和统一。"其意义就在于今后要从"城市透镜"（Urban Lens）来开展工作。报告还提出："美国不能对发展中国家的城市化漠然视之，发展中国家功能失调的城市会影响美国。"而此报告的目的，首先是要将城市化视角内化为国际开发署开发活动的指导性原则，其次是要增加城市开发和消除气候威胁的机会，最后是要帮助城市提供宜居、安全的环境，提供基建和住房，振兴城市经济，促进参与式民主的发展。

更值得瞩目的是，奥巴马当上美国总统和希拉里担任国务卿期间，国际开发署的角色和功能被重新定位和提升，其利用城市来开展活动的传统得到

---

①U.S. Agency for International Development.Urban Development Policy [R].USAID Policy Paper, Washington, D.C., October 1984.

②U.S. Agency for International Development.Making Cities Work: USAID's Urban Strategy [R].An Initiative Launched by the Administrator and Prepared by the Urbanization Task Force, Washington, D.C., September 1998.

了空前的强化。2010年5月发布的《美国国家安全战略》将开发置于防务、外交和经济之后，并如此叙述开发的重要性：开发是一个战略、经济和道义计划。我们正在援助发展中国家及其人民来应对安全威胁，分享全球经济增长红利，建设能满足人的基本需要的透明且民主的体制。通过积极肯定的开发议程和配套的资源，我们能增强地区伙伴的能力来帮助阻止冲突、打击全球网络犯罪，建立一个稳定的、包容性的全球经济体系，促进民主和人权，最终可以在未来几十年建设更多富饶、能干的民主国家而保证美国更好地应对全球性挑战①。与此相应，奥巴马于2010年9月发布了《总统开发政策指令》，成为美国历史上首位就开发问题签发指令的总统。指令强调未来制定开发政策要集中在那些能产生可持续性开发结果的问题上，特别提出在选择地区和部门时一定要配置资源给那些会产生最大影响的行动，建议设立一个机制来保证美国政府部门在开发政策上的一致性。在建立机制方面，鼓励每隔4年制定一份美国全球开发战略，报总统批准；由国务院和国际开发署执行一个4年外交和防务评论；建立一个全球开发跨部门政策工作组；创立一个美国全球开发理事会。按照奥巴马的设想，是要提升开发作为美国国家安全战略政策的核心，与外交和防务等量齐观，最终使美国重新成为全球开发问题上的领导者。2010年12月，美国历史上第一版《四年度外交和开发评估报告》出台，其主题就是“通过民事力量实现美国的领导权”。在阐述外交时，评论指出要超越传统的国家而接触新的行为体，尤其是公民社会，“美国不能与一个其人民反对美国的国家成为友邦”。在阐述开发时，评论指出“我们正在改变行事方式，从援助向投资转变——将倾注更多精力帮助受援国建立可持续性的机制”，也就是说，将更多依赖受援国的体系和当地组织来开展行动。从这两大论断可以看出，美国外交和开发必将突破传统的以国家政府为接触对象的做法，而挺入外国内部，更多依靠与当地组织之间的活动来实现目标。显而易见，这是一种由上而下的重大范式的转变。

①The White House.National Security Strategy 2010[R].Washington D.C.,May 2010:15.

2011年9月的报告《美国国际开发署政策框架2011—2015》[①]坚实践行了上述精神，从部门的角度审视和规划了未来开发工作。它强调国际开发代表着一种潜在但事半功倍的工具，能够在保卫美国的安全和富饶的同时促进美国基本价值观的传播；同时它更强调今后要以更低廉的成本、更有效的方式，获得更大的影响，努力采取更富新意、更为强大的政策，最大程度上同众多行为体结成伙伴关系。在其对世界大势的研判中就包含了对城市化的分析，“世界会持续城市化。假如当前的趋势继续，那么到2025年世界人口的57%会居住在城市。到2025年，世界会增加8个巨型城市，其中7个位于亚洲和撒哈拉南部非洲。大部分城市增长会发生在这些地区的中小城市，通常没有正式的工作增长机会和充足的城市服务。这对于发展中国家及其发展伙伴关系具有重要寓意。资源管理将变得迫切，呼唤新式且有效的生产和消费模式。城市可能成为贫穷和不平等的渊薮，也可能成为机遇和希望之乡，这取决于我们如何应对城市化挑战”。对形势的研判自然影响了其行事原则的变化。其中，它刻意突出了选择和聚焦（Selectivity and Focus），也就是说要谨慎选择与之合作的国家、部门和单位，将有限资源集中于此；另外，它也提出要从战略上动用“方案持有者”（Solution Holders）和友人的倡议，因为它意识到全球化时代包括非政府组织、私人部门、国际组织在内的诸多行为体都有能力解决开发问题。值得注意的是，它还提出了“培育地方机构的能力”的口号，认为地方社区及其领导人的努力是任何外在力量所无法取代的。通而观之，这份报告高屋建瓴、立意新颖、布局宏远、用心深切，它是指导国际开发署开展城市类活动的纲领性文件。

也正是在这一年，美国国会通过了《2010年可持续城市开发法案》[②]，从立法的高度确立了借由城市来进行开发活动的基础。它预测在2030年前会有

①United States Agency of International Development.USAID Policy Frame 2011-2015[R]. Washington D.C., September 2011.

②U.S. Government Printing Office.Sustainable Urban Development Act of 2010[R].Washington D.C.,April 20,2010.

40亿人居住在发展中国家的城市里，非洲和亚洲的城市人口将翻番，有10亿人将居住在贫民窟里，而且其中的50%是25岁以下的人口；届时会有11亿人缺乏饮用水，25亿人缺乏排污设施。而城市要想在经济发展中发挥重要作用，就必须拥有良好的基建、机制和政策，并将基本服务惠及所有人。由此，它建议将城市发展作为美国外交政策和海外开发援助的一个目标，在开展活动时要与外国政府、国际组织、私企、非营利组织和社区组织进行合作，制定一份可以促进发展中国家城市可持续发展的战略，考虑建立一个专门管理城市可持续发展的高级顾问。按照这个法案的指引，国际开发署在咨询国内外各方意见之后，于2013年10月推出了《在快速城市化的世界提供可持续性的服务》①的报告。报告强调，提高城市服务是释放快速城市化世界的潜能的关键所在，同时也直言不讳地指出，城市是实现国际开发署目标的最佳选择，凭借城市可以有效解决食品安全、卫生、气候变化、经济增长、人权民主和治理、人道主义援助、危机预防和应对、教育等一系列问题，换言之，城市具有“牵一发而动全身”的功能，而且各种项目在城市也可以有效对接和统一。最后也强调对目标区域的选择，提供工具以深化对国家议题的理解。通而观之，这份报告的规格、内容、详尽乃是国际开发署历史上城市文件之最。

而且，国际开发署还建立了网站“让城市运转起来”，一方面进行宣传，另一方面还设置了“城市主题”栏目，就城市财政、城市安全、地方经济发展、城市治理和管理、城市卫生和环境、城市气候变化、城市青年人、食品安全、住房基建和服务等议题提供帮助。

---

①United States Agency of International Development.Sustainable Service Delivery in An Increasingly Urbanized World[R].USAID POLICY, Washington D.C., October 2013.

二、作为马前卒的国际市县管理协会

国际市县管理协会成立于1914年，其使命是“通过提升和促进专业化管理以建设更美好的社区，从而在地方治理上实现优质管理”。从表面上看，它仅设立了公共安全管理中心、可持续社区中心和绩效评估中心3个项目，但实际上每个中心都功能庞大，分别设立了详细的子项目，开展了纷繁多样的活动，是影响美国地方政府的重要机构①。自1989年起，国际市县管理协会就接受美国国际开发署的指导到苏联和东欧地区开展活动，几十年来它已经在60多个国家成功设计、实施和评估了大量项目。其行动大体上是通过能力建设、伙伴关系和知识分享三种手段来进行：第一，促进各种形式的地方政府和次国家政府的专业化发展，采用“对培训者进行培训”的方法来拓展活动范围，以确保专业化发展活动的可持续性。第二，为地方政府专业人士及其支持者提供技术援助，提高其技能，增加其知识，强化他们在当地不断变化的环境下对道德、价值观和专业化理念的承诺。第三，作为一个收集和传播信息的窗口，尤其是传播那些富有创意的地方政府实践。

1997年，国际开发署将其与国际市县管理协会合作的项目“资源城市”（Resource Cities）更名为“城市连接”（City Links），以适应崭新的世界形势。“城市连接”秉持两个理念：管理良好的城市是提供有效服务、促进经济增长、成功管理资源、维护社区健康、维持社区稳定的关键；民主治理体系是保证地方居民参与政治决策和保证民选官员恪尽职守的保障。由此可见，城市治理只不过是美国进行民主渗透的一个工具而已，即所谓“借鸡下蛋”。当然，“城市连接”进行了粉饰，它宣称：赋权地方政府、非政府组织、私人部门和市民来影响决策；为第三世界国家的地方社区匹配美国同行享有的知

①MOORE B H.Managing Cities and Counties：ICMA Activities and Resource[R].Public Administration Review，1994(1)：90-92.

识、技能和资源；在美国、目标国家和其他国家的政府和非政府部门之间促成灵活多样的伙伴关系；在美国的市政府和发展中国家、转型国家的市政府之间建立实质性的专业关系；确保第三世界的社区领导人深信，美方所提供的可持续性方案能够提高民主管理地方政府的能力。此番“花言巧语”，无非是要同第三世界的地方政府结成“伙伴关系”（Partnership），循此思路，它宣称在微观层面上，美国这个伙伴可以帮助其实现：提供面向市民的基本公共服务，包括基建开发、供水、排污和环境管理服务，加强治安和公共安全，贯彻可持续发展观；通过确认机遇、发展战略和实施方案而提高地方政府的经济竞争力；创建高效的城市管理机构，业务范围涵盖战略规划、金融管理、绩效评估、市民参与和倡议；尊重地方官员的技能以鼓励他们更好地执行他们的议程；提高城市在预算、采购、招聘及其他活动中的透明度和责任感。迄今为止，国际市县管理协会通过“资源城市”和“城市连接”在24个国家（津巴布韦、赞比亚、越南、泰国、南非、塞尔维亚、俄罗斯、菲律宾、巴拉圭、蒙古、墨西哥、马里、哈萨克斯坦、乌兹别克斯坦、约旦、印度尼西亚、印度、圭那亚、萨尔瓦多、厄瓜多尔、克罗地亚、保加利亚、阿尔巴尼亚、阿富汗）开展了活动，其中在保加利亚开展活动19次，在印度尼西亚开展活动16次，在墨西哥开展活动7次。

为了在第三世界更为有效地开展活动，国际市县管理协会在全球设立了三个中心：一是2004年在墨西哥的瓜达拉加拉设置的墨西哥—拉丁美洲中心。该中心旨在促进该地区的次国家政府的专业化管理，主要分为三个方向，即通过西班牙语的网站提供有关良治的资源、信息和培训，评估那些希望强化次国家制度的能力的项目，为该地区的地方政府官员及其组织与美国同行进行互动提供机会。近几年，该中心所开展的项目主要有墨西哥犯罪和暴力阻止项目、绩效指数系统、制度能力认证系统等。二是1997年在印度西部重要城市艾哈迈达巴德建立了城市管理中心，以作为在南亚的办公室。多年来，它已在印度、斯里兰卡、尼泊尔、阿富汗、印度尼西亚等国家围绕城市治理、城市卫生管理、城市供水和排污、遗产保护和管理、城市开发、城市交通、能源使用、财政管理、灾害管理、气候变化等问题开展了很多项目，已然成为国际市县管理协会在南亚的基地。三是2011年依托中国政法大学建立的中国中心。其使命是要通过提供信息和服务帮助中国城市管理者提升城市管理的质量，而其活动是按照以下方向进行的：在国际市县管理协会和中国的机构、组织之间建立合作关系，方式是培训和交流；为中国地方政府官员、学者等提供详尽的、收费的教育或培训。2013年中国中心与中国市长协会签署备忘录，将中国中心的工作推进到一个崭新的层次。根据备忘录，由国际市县管理协会组织针对中国城市市长和政府官员的培训和学习活动；翻译和出版国际市县管理协会的培训教材给中国地方政府官员；组织学术会议；组织专业性的交换和考察学习，以为双方地方政府官员交流切磋提供机会。

值得注意的是，国际市县管理协会是与许多美国非政府组织一起在国外开展活动的，其中既有一些高科技农业公司，也有一些智库。1991年，由前佛蒙特州州长玛德雷特·昆宁（Madeleine M. Kunin）创立的可持续社区研究所（Institute for Sustainable Communities）就是与国际市县管理协会齐头并进的智库，它宣称要帮助全世界的社区解决环境、经济和社会问题而促成一个为社区所有人所共同塑造和分享的美好未来，鼓动人民释放自己的能量自行解决所在社区的问题。其所设置的项目主要有：气候和环境、公民社区、社区建设、可持续教育、倡议和领导权等，十几年来足迹遍布孟加拉国、中国、日本、印度、乌兹别克斯坦、保加利亚、匈牙利、摩尔多瓦、格鲁吉亚、捷克、克罗地亚、斯洛伐克、塞尔维亚、波兰、乌克兰、俄罗斯、阿尔巴尼亚、立陶宛和拉脱维亚等。它在中国的两个项目，一个是2007年发动的“广东环境伙伴关系”项目，另一个是2009年发动的“中美气候行动伙伴关系”项目。

三、三家城市智库在第三世界的拓展经营

虽然国际市县管理协会早在1989年就已挺入东欧地区，但在它之前，美国第一大城市类智库城市研究所在1987年就捷足先登了。事实上，美国三大城市智库早已将海外拓展作为自己的使命之一，其活动遍及第三世界。

城市研究所成立于1968年，是约翰逊总统为解决城市问题而特意建立的一家智库，五十年来，城市研究所与时俱进，励精图治，已成为美国举足轻重的智库，一个例证就是：仅2013年，城市研究所就参与了26次国会听证。城市研究所能够卓有成效地开展海外经营，首先就在于其“使命”中有进军海外的内容。凭借强大的研究队伍和细致规范的研究方法，城市研究所纵横海外，在70多个国家开展了大量的项目。海外拓展业务是由国际开发和治理中心承担的。该中心的使命就是开展针对地方政府、公共服务的供给和资助、政府同市民和公司的互动的研究与技术援助，借此来提高发展中国家的城市治理水平，为当地居民提供更多的机会。

循此使命，它侧重关注四个问题：首先，最重要的是服务供给，它格外关注服务供给的经济性和管理水平，关注服务提供时的透明性，并在1999年开发了一个“包容性服务行动计划”来帮助受援地方政府分清主次，评估绩效，当然它也考虑到提高服务供给资助力度的重要性。其次，是城市化，它预测到未来非洲和亚洲的城市化将加速推进，即便会造成交通拥堵和贫困集中，但也为穷人获得教育和获取其他社会服务提供了机会，因此它将政府如何利用城市化作为可持续发展的标志，相应地，它在海外拓展时就旗帜鲜明地提出，要帮助地方政府对智能和可持续性城市（Smart and Sustainable Cities）形成明确的概念，支持跨部门改革，提高城市的财政和治理能力，加强对城市资产的管理，提高城市自身收入的灵活性，促使城市管理者从服从上级领导转变为应对地方需要。再次，是包容性治理（Inclusive Governance），

它承诺将提升实证性决策，促进法制，支持分散化改革的设计和实施，在地方层面竭尽所能地实现包容性治理。最后，是公共财政管理，它将加强对公共开支和公共财政管理的分析与研究，评估预算的结果，支持改革地方政府间的财政关系，设计和实施财政分散化改革，强化地方政府自身的财政能力。

从其所公布的海外项目数量而言（1987年至2013年），可以发现其海外拓展项目遍布多个国家，如俄罗斯有27个，匈牙利有15个，阿尔巴尼亚有12个，波兰有11个，亚美利亚有10个，罗马尼亚和格鲁吉亚各有9个，保加利亚有7个，波斯尼亚、乌克兰和吉尔吉斯斯坦各有6个，哈萨克斯坦有4个，塔吉克斯坦和乌兹别克斯坦各有3个，土库曼斯坦和阿塞拜疆各有2个。这些大体上占据了其项目总数的70%。在亚洲国家中，印度尼西亚有15个，印度有8个，孟加拉国有6个，中国有5个，巴基斯坦有3个，阿富汗有2个，伊拉克有1个。在非洲国家中，坦桑尼亚有8个，塞拉利昂有4个，摩洛哥、肯尼亚和加纳各有3个，在美洲国家中，洪都拉斯和牙买加各有5个，哥伦比亚有4个，智利有2个。从这个角度看，城市研究所与美国的外交机构并无二致。

第二大城市类智库城市土地研究所（Urban Land Institute，曾译为“城市土地学会”）成立于1936年，1939年改成现名。开展海外业务在其使命中就昭然若揭了，“为在世界范围内负责任地使用土地以创造和维持繁荣的社区而提供领导”，其中，“在世界范围内”就凸显了其进军海外的勃勃雄心，而“提供领导”一词更是将其企图树立规范、确立规则的意愿表露无遗。它“承诺”：召集来自房地产和土地使用政策领域的专家学者来交流经验、服务社区，通过指导、谈话和解决问题来促进会员内部及外部的协调合作，着力研究城市化、自然资源保护、再开发、土地使用、资本形成和可持续发展等问题，提高土地使用率并设计出能尊重当地独特人文和自然环境的方案，通过教育、应用研究、出版和电子媒体来分享知识，维持一个基于地方实践的全球多样性网络并提供足以解决当前和未来挑战的咨询顾问服务。

城市土地研究所设立了欧洲版、美洲版和亚太版三种网页。为了细化对欧洲的研究，它苦心孤诣地建立了三种理事会：第一种是针对单个国家的国家理事会，共有13个，这13个国家是比利时、法国、德国、希腊、土耳其、荷兰、瑞典、英国、爱尔兰、葡萄牙、西班牙、俄罗斯和意大利；第二种是专业的欧洲理事会，共有5个，分别是旅馆和度假地理事会、办公室和混合使用理事会、零售业和娱乐业理事会、可持续性理事会和城市再开发理事会；第三种是青年领导人理事会，旨在为35岁以下的房地产界青年才俊提供交流和进步的机会。在欧洲，它侧重研究资本市场、城市、基础建设、可持续性、房地产产业新趋势、咨询服务。以城市研究为例，它的目的是思考如何设计城市中心区及其运作。自2010年以来，每年1月份它都发布一份《欧洲房地产业新趋势》的报告，展望未来1年欧洲的房地产产业的发展趋势。这些报告都是在汲取500多位与房地产产业紧密相关的人士的意见后而形成的，内容覆盖房地产产业的投资和开发、融资和资本市场、整个房地产产业的发展趋势及地区差异。为了扩大影响，它还开展了巴黎年度大会、房地产产业趋势大会和城市土地研究所慈善信托年度晚宴等。

美洲版网页的设置与欧洲版网页的设置大不相同。在项目设置上，一是设立了名目繁多的各种奖项；二是注重教育，提供在线学习教材，开办房地产学校，试图建立房地产开发认证制度；三是注重领导能力的培养，甚至开发了一个女子领导能力项目；四是一些针对地方的项目。在研究议题上，侧重经济与资本、住房、基础建设和轨道交通、气候和能源、领导能力、规划和设计。在研究中心或动议上，则建立了健康社区中心，资本市场和房地产中心，气候、土地使用和能源动议，特维格住房中心，罗斯公共领导能力中心。

城市土地研究所于2007年在中国香港设立了办公室，后又在东京和新加坡成立了分部，目前在亚洲拥有1200名会员，集中在中国大陆、日本、澳大利亚和菲律宾。其活动遵循的原则主要是与各大高校、政府机构以及同类组织开展合作，不断增加并传播城市土地研究所的专业知识；因地制宜地处理当地的土地问题；通过高品质项目提升研究所的声誉；吸收不同专业背景的优秀会员。它在亚太地区的活动大体上可以分为三类：一是“中国城市调查”（China Cities Survey），自2007年开始运作，现已成为一个活跃于中国的房地产专家执行的年度调查。调查的目标和总结报告旨在为服务于中国境内和未来将参与中国房地产市场的人群打造一个分享他们对中国房地产的理解及展望的平台。其研究方法是集中于28个城市，通过采访、问卷调查等方式，凭借一线的地产开发商所提供的信息，分析其投资和开发的前景，最后进行排名。二是2007年以来每年发布的《亚太地区房地产市场新趋势》报告，分析房地产市场的机遇与挑战，剖析各大都市区的兴衰，指出社会、经济变化对地产业的影响，探讨房地产产业内部各行业的沉浮，研究人们的住址选择对房地产产业的影响。三是以“可持续性”为名开展的委托项目，自2010年以来，它已经接受三亚、澳门、香港、马尼拉、新加坡等城市相关部门的委托，对这些城市的发展提供研究报告。

第三大城市类智库林肯土地政策研究院（Lincoln Institute for Land Policy）起源于1946年实业家约翰·林肯在凤凰城建立的林肯基金会，其目的是响应著名学者亨利·乔治在《进步和贫穷》中对土地拥有与税收之间关联的思考，支持其他研究机构传播、研究、讲授亨利·乔治的思想。1966年在哈特福德大学建立了约翰·林肯研究所，1968年甚至支持中国台湾建立了土地改革培训研究所（1998年改为“土地政策研究和培训国际中心”）。林肯基金会于1974年成立了林肯土地政策研究院，用以开展关于土地政策的多学科教育、研究和出版。现在位于马萨诸塞州坎布里奇市，有33名研究人员。在项目设置上，林肯土地政策研究院设有规划和城市形态部、评估和税收部、国际研究部。规划和城市形态部主要研究不同规模的地区性或空间性规划，财产权和围绕土地使用产生的紧张关系，以及土地的使用、保护与环境之间的关系。评估和税收部侧重研究房产税、财产税和评估过程。

林肯土地政策研究院于2003年正式成立中国部，由格里高利·英拉姆（Gregory K. Ingram）博士全面负责和领导，其宗旨是促使林肯土地政策研究院在中国土地和税收政策研究领域成为一流的国际研究和教育机构，为快速城市化带来的并与深刻的土地和税收改革相关的问题和挑战，提供科学的依据、理论基础和国际经验。林肯土地政策研究院中国部的活动有三类：共享林肯土地政策研究院在土地、规划和税收方面丰富的知识财富；研究并为研究提供支持；为决策者和学者提供培训机会。中国部的战略之一是建立长期的合作伙伴。中国部已先后与中国国土资源部、国务院发展研究中心、国家税务总局等签署了中长期合作备忘录，先后与世界银行、中国开发银行、财政部、建设部、北京市、广州市等在研究、国际会议、培训等方面开展合作。2007年12月，由北京大学与林肯土地政策研究院共同创办的城市发展与土地政策研究中心在北京大学正式成立。此中心的主要任务是通过研究、奖学金和研究基金、培训等不同形式，促进中国在土地政策和城市发展规划方面的发展。此中心近年来发布了众多文件，主要研究领域是：房地产税和公共财政，土地政策，住房政策，城市规划与发展，环境与可持续发展。

结　语

追根究底，美国一贯具有向外宣传自身优越性的传统，所有的民族都会宣扬本民族的优越性，但美国则使其成为一种宗教，这种做法根源于国内民主政治的实践，最终发扬于外，美国自开国以来始终自诩与众不同。具体到城市治理，自19世纪末的进步运动以来，美国市政体制见证了理事会—经理制、理事会—市长制和委员会制的博弈，至今则形成了交汇，专业化管理和民主得到了有效的融合①。在地方治理上，美国形成了颇具特色、伸缩自如的

①FREDIRICKSON H G，JOHNSON G A.The Adapted American City：A Study of Institutional Dynamics[J].Urban Affairs Review，2001，36(6)：872-884.

专区政府，最大程度上彰显了地方自治的魅力①。当然，众多美国机构和智库能够到海外从事推广城市治理经验的工作，肇端于其深厚的研究功力。比如，城市研究所就具有细致周翔的研究布局和科学规范的研究方法。至今日，城市研究所设立了多个研究中心，开展了细致深入的研究。如：教育政策中心、医疗政策中心、国际开发和治理中心、司法政策中心、大都市区住房和社区政策中心、非营利和慈善部门中心，最后一个是同布鲁金斯学会联合创立的城市—布鲁金斯税收政策中心。每一个中心又俨然是一个微型智库，采用自创的数据库采集相关数据，使用特殊的研究方法，定期发布相关简报，开展形式多样的活动。

此番美国改革外交和开发的原因，从宏观大背景层面而言，则诚如希拉里所言，过往国际社会的权力为少数大国强国所把持，如今却被诸如非政府组织、跨国网络等众多行为体所分享；从微观层面而言，则是美国经济拮据，促使美国政府部门“节衣缩食”，思考如何最大程度上实现“事半功倍”，正如国际开发署署长拉贾夫·沙拉奇在《在快速城市化的世界提供可持续性的服务》的前言里提到的，“通过与私人部门、政府和其他组织的协调合作，我们能够更好地利用本已稀少的资源。这些伙伴关系至关重要，因为仅凭我们自己的资源或努力是无法成功的”。因此，我们看出，美国的开发已经由援助向投资倾斜，越来越趋向“结果导向”型思维，在这种企图一本万利的思想指导下，借助美国的非政府组织来推行各种各样的项目，必将是一种趋势。因此也不难理解，布鲁金斯学会与清华大学公共管理学院于2006年就联合创办了清华—布鲁金斯公共政策研究中心，研究中美关系、经济转型、社会保障、城市化、清洁能源和环境保护，实际上是将布鲁金斯学会的研究领域克隆到了该中心。全球发展中心（Center for Global Development）于2011年在欧洲设立了分部，米尔肯研究所于2006年在新加坡设立亚洲办事处。可

①王旭.专区:美国地方政府体系中的“隐形巨人”[J].吉林大学学报(社会科学版),2005,45(5):72-79.

见，美国的外交和开发工作已经向官民协同、公私联动转变，而且非政府组织所占的比重将越来越大，希拉里通过民事部门来实现美国的领导权的预想步入正轨。还有一个因素就是奥巴马政府十分重视城市，2010年即设立了白宫城市事务办公室，企图以大都市的发展拉动美国经济的发展。这是自1968年美国建立住房与城市发展部以来联邦政府在城市问题上的较大举措。

美国的开发工作表现出了高度的精致性。一是贯彻了2010年《美国国际开发署政策框架2011—2015》中“精挑细选”的原则，在选择具体合作国家、合作部门、合作领域时都是煞费苦心。比如，国际市县管理协会选择印度的艾哈迈达巴德作为在南亚的活动基地，林肯土地政策研究院选择中国著名高校北京大学作为合作方，布鲁金斯学会与中国另一著名高校清华大学合作，无一不是深谋远虑的抉择。这也切合其接触“方案持有者”的指导思想，因为北京大学、清华大学这样的高校在中国的学术研究和社会影响上具有举足轻重的地位。二是转变思维，强调提高地方治理的能力。此前美国注重拉拢、培养第三世界国家的持不同政见者、叛乱分子，如今却改弦更张，呼吁要提高城市社区的自我治理能力，这样一来，美国的智库和机构就能直接影响到那些关系当地居民切身利益的事务，当地居民可能会对美国心有戚戚。换言之，美国是与合作国在地方治理层面直接交锋辩难。比如，在中国所开展的几个项目中，城市研究所都根据自身的研究提出了相应的建议。在2001年就湖南长沙、株洲、湘潭和贵州贵阳等四个城市的发展战略研究中，城市研究所学者乔治·彼得森就提出，长沙、株洲和湘潭应该统筹发展，破除各自为政的陋习，从一个大都市区的角度来审视和制定未来发展战略。它还发动了一个工作坊，邀请所涉及城市的市官员、当地学者、工商业领袖、社区代表和小商业代表等利益相关者参加，并进行培训。

这印证了中国学者李峥的判断，“美国尤其看重城市和中产阶级的作用，认为在未来国际社会中，城市的作用将更为突出，城市化带来的问题将成为社会矛盾的焦点。只要美国能在城市治理上掌握一些领先世界的‘绝活’，那么美国就仍然能够居高临下地‘指挥’他国”[①]。

但是，美国的城市治理经验是否是灵丹妙药？一个例证是：近年来，美国地方政府危机频现，比如2011年亚拉巴马州杰斐逊县破产，2013年年底特律市破产，都说明美国自身还有许多需要完善的地方，那些在国外纵横驰骋的机构和智库或许更应该多多思考如何解决美国国内的问题。另一个例证是：美国根深蒂固的种族问题在大都市区时代又有了新的表现，这就是二战后不断涌现的封闭社区——居住区协会（Residential Community Associations）。据有关资料可知，2010年美国有30.9万个居住区协会，涵盖24.80万套住房，拥有6200万人口，这让美国学者都惆怅满怀[②]。而在美国地方治理中对民主对地方自治最大的讽刺则是，美国地方政府之间各自为政，甚或互为仇敌，以至于一些美国学者认为此种状态无异于国家间尔虞我诈之势[③]。因应这种尴尬，美国百年来不断摸索建立统一性大都市区政府，其中一个尝试是美国百年来发生了42起成功的市县合并，建立了实体性的统一政府。另一个尝试是建立了虚体性的政府间理事会（Councils of Governments），芝加哥大都市区理事会就是典型[④]。这说明，在美国众多机构到海外宣扬民主、自治的同时，美国国内也已在地方自治的传统上开辟了区域统筹这条新路。现实表明，在全球化的今天，城市问题涉及面十分广泛，绝非美国沾沾自喜的地方自治所能药到病除的。

总而言之，随着美国颁发有关开发的总统指令，随着美国第一版《四年度外交和开发评估报告》的出台，随着国际开发署日益重视城市的效用，美国必将强化在全球推广城市治理经验的做法，这客观上代表了美国2010年以

①李峥."温柔"的背后——警惕美国新一轮民主输出[J].世界知识,2014(3):46-47.

②VESSELLINOV E.Segregation by Design:Mechanisms of Selection of Latinos and Whites into Gated Communities[J].Urban Affairs Review,2012,48(3):417-454.

③JR M H.The Governance of Metropolis as a Problem of Diplomacy[J].The Journal of Politics,1964,26(26):627-647.

④LINDSRTOM B.The Metropolitan Mayors Caucus:Institution Building in a Political Fragmented Metropolitan Region[J].Urban Affairs Review,2010(1):37-67.

来度外交和开发工作的深刻转型，主观上也表明了美国的处心积虑和自高自大，与此同时也提醒我们要提高警惕，注重防范，更重要的是，要采取拿来主义的精神，提高中国的城市学研究水平，探索适合中国国情的城市化道路。

第三章

新式美军非洲司令部在国内外引发的思考

第一节　美国政府部门的探讨

2007年2月，时任美国总统小布什宣布建立非洲司令部，涵盖除埃及之外的所有非洲国家，此举改变了此前非洲分属于欧洲司令部、中央司令部和太平洋司令部的混乱状态，意义重大。由于美国在建立非洲司令部之前未曾同非洲国家进行过沟通，同时宣布非洲司令部将践行新式“3D”（Diplomatic，Development and Defense）安全理念，在建制上首次纳入国际开发署和国务院人员作为副司令，实现跨部门合作，又鼓吹非洲司令部不同于其他战区的司令部，奉行“零阶段”（Phase Zero）理论，将预防战争作为核心使命，一时亮点频现。但时至今日，美国内外对于非洲司令部的设置目的、工作理念、架构安排、未来走向以及对于美非关系等问题，始终存在广泛且深刻的争论。鉴于美国非洲司令部涉及美国军事改革和非洲发展以及全球政治等重要问题，所以本章试图对此问题做一梳理。

在美国外交政策形成中有很多行为体，不同行为体行使不同的职能，也发挥不同的功能，对同一问题自然也形成不同的看法，正所谓“横看成岭侧成峰”。下面将介绍对国会、行政部门、国家安全部门等政府层面的观察。

2007年2月，小布什总统宣布建立非洲司令部之后，美国国会在下半年召开了三次听证会。2007年8月1日，美国参议院外交关系委员会非洲事务小组委员会召开了“探索美国非洲司令部与美国对非战略关系的新战略”听证会，美国国务院非洲事务助理国务卿金德意·法拉则（Jendayi E. Frazer），前美国欧洲司令部负责战略、政策和评估的副主任乔纳森·尕拉汀（Jonathan S. Gration），美国国际开发署民主、冲突和人道主义援助局副局长米歇尔·哈斯（Michael Hess），美国国防部非洲事务副国务卿帮办特茜拉·卫兰（Theresa Whelan），印第安纳州参议员理查德·卢佳（Richard G. Lugar），以及非政府组织“国际难民”（International Refugees）的迈克·马岚（Mark Malan），智库战略与国际问题研究中心非洲项目主管史蒂文·莫里森（Stephen J. Morrison），从各自角度做了发言[①]。这可以说是美国人关起门来的一次内部讨论会，其核心话题是非洲司令部的制度创新以及跨部门合作。第二天，美国众议院外交关系委员会非洲和全球卫生小组委员会举行了一场名为“非洲司令部：加强接触的机会还是美非关系军事化?”的听证会，除了米歇尔·哈斯和特茜拉·卫兰外，与会的还有美国国防部政治—军事事务局执行副局长史蒂文·穆勒（Stephen D. Muller），美国智库詹姆斯·麦迪逊大学国际和公共事务研究所所长皮特·帕姆（Peter J. Pham），更重要的是，来自南非的两个智库安全研究所的瓦弗拉·欧酷姆（Wafula Okumu）和南非国际事务研究所的库尔特·谢林格（Kurt Shillinger）出席，其间瓦弗拉·欧酷姆痛陈非洲司令部包藏祸心，言辞犀利，态度激昂[②]。同年11月14日，众议院军事委员会举行了“非洲司令部”的听证会，与会的有装备委员会的主席雅克·斯克尔顿（Ike Skelton）及其成员邓肯·亨特（Duncan Hunter），参与听证的有国防部负责政策的助理国防部长的首席帮办雷·亨利（Ryan Henry）、史蒂文·穆勒，还有非洲司令部的首任司令威廉·瓦德（William Ward），其中威廉·瓦德豪情满怀，畅想了非洲司令部的美好前景[③]。2011年7月26日，众议院外交关系

---

①Committee on Foreign Relations United States Senate.Exploring the U.S. Africa Command and a New Strategic Relationship with Africa[Z].Hearing Before the Subcommittee on African Affairs, August 1, 2007.

②Committee on Foreign Affairs House of Representatives.Africa Command: Opportunity for Enhanced Engagement or the Militarization of U.S. Africa Relations?[Z].Hearing before the Subcommittee on Africa and Global Health, August 2, 2007.

③Committee on Armed Services House of Representatives.AFRICA Command[Z].November 14, 2007.

委员会非洲、全球健康及人权小组委员会联合恐怖主义不扩散及贸易小组委员会举行了“非洲司令部：在非洲提升全球安全的伙伴关系”听证会，参与听证的是来自美国国务院、国防部和国际开发署的相关主管官员。除了这几次国会听证之外，美国国会研究处发布的、由非洲事务问题专家劳伦·柏罗奇（Lauren Ploch）撰写的《非洲司令部：美国在非洲的利益及美国军事在非洲的角色》，追溯了国防部筹建非洲司令部的经由，剖析了美国在非洲的利益，列举了此前美军在非洲的项目，指明了国会需要监管的环节，总体上显示了国会的关注①。

国会所属的机构也表示了关切。美国审计总署发布了数份非洲司令部的报告。2008年，它对建立非洲司令部的进程和挑战进行了初步的评估②。2009年，它关于如何向利益相关者增信释疑、如何促进跨部门合作以及评估非洲司令部运转成本的报告，价值极大③。2010年，它还就非洲司令部中的跨部门合作做了更为细致的分析④。由于非洲司令部的选址有德国斯图加特、非洲和美国国内三个选择，长期犹豫不决必然影响非洲司令部的运行，所以2013年审计总署的报告全面评估了三个选择的利弊，敦促其尽快解决⑤。

一些美国高官身体力行地撰文阐述或颂扬非洲司令部的独特价值。首任非洲司令部司令威廉沃·德身先士卒。2008年，他即宣称非洲司令部的使命

---

①PLOCH L.Africa Command: U.S. Interests in Africa and the Role of US Military in Africa [R].Congressional Research Service, RL34003, July 28, 2009.

② General Accounting Office.Force Structure: Preliminary Observation on the Progress and Challenge Associated with Establishing the U.S. African Command [R].GAO-08-947T, July 15, 2008.

③General Accounting Office.Action Needed to Address Stakeholders Concerns, Improve Interagency Collaboration, and Determine Full Costs Associated with the Africa Command [R].GAO-09-181, February 29, 2009.

④ General Accounting Office.Interagency Collaboration Practices and Challenges at DOD South Command and African Command [R].GAO-10-962T, July 28, 2010.

⑤General Accounting Office.DOD Needs to Reassess Options for Permanent Location of U.S. Africa Command [R]. GAO-13-646, September 9, 2013.

是要帮助非洲国家提高安全和维稳能力，以防止事态恶化为动乱，并称由此体现出来的积极安全理念意义重大、前景广阔①。2010年，奥巴马总统访问非洲之后，他又撰文，指出非洲有五个突出问题，非洲司令部会竭尽全力帮助非洲国家形成地区性合作机制，提高友邦的辅助能力，最终实现非洲人自行解决非洲问题②。非洲司令部负责民事—军事活动的副司令玛丽·亚特（Mary Yates）大使，称赞非洲司令部实行跨部门合作的崭新尝试，理论上能够促使非洲司令部更加全面均衡地解决非洲问题，但也对跨部门合作进展作用不大表示遗憾③。非洲司令部战略、规划和项目主管查尔斯·休博（Charles Hooper）少将分析了提高友邦能力所面临的威胁、挑战和机遇，强调联合专业军事教育的重要性④。美国国家安全局分析家邓尼思·潘恩（Dennis Penn）认为，要想真正贯彻非洲司令部所宣扬的3D安全理念，破除外界对美国外交军事化的误解，就必须从国家战略层面解决问题，比如全局视野的缺乏、资源分配的不均衡等⑤。

一些具体兵种或事务的官员也建言献策。美国海军战争学院战略学教授乔纳森·斯蒂文（Jonathan Steven）凭借在几内亚湾建设“非洲友邦驻点”项目的成功经验，对海军如何强化和非洲国家在维护海疆安全方面提出了看法⑥。退役美国海军陆战队上将卡尔顿·福尔特（Carlton Fulford）认为，非洲司令部有助于解决非洲的治理、安全和经济发展问题⑦。还有3位陆军军官就

①WARD W, GLAVIN T.U.S. Africa Command and the Principle of Active Security[J].Joint Force Quarterly, 2008, 51(4): 61–66.

②WARD W, GLAVIN T.Africa's Future is up to African: Putting the President's Words into Action[J].Joint Force Quarterly, 2010(3): 6–12.

③UATES M C. U.S Africa Command: Value Added[J].Joint Force Quarterly, 2009(1): 152–155.

④HOOPER C W.Going Farther by Going Together: Building Partner Capacity in Africa[J]. Joint Force Quarterly, 2012(4): 8–13.

⑤PENN D R.USAFRICOM: The Militarization of U.S. Foreign Policy? [J].American Foreign Policy Interests, 2008(4): 74–78.

⑥STEVEN J.The U.S. Navy into Africa[J].Naval War College Review, 2009, 62(4): 380–383.

⑦FULFORD C.Thinking through U.S. Strategic Options for Africa[J].Naval War College Review, 2009, 62(6): 163–219.

美国陆军在非洲的前驻问题提出了看法，着重分析了非洲司令部所倡导的零阶段理论的军事寓意，指出陆军要强化同非洲国家军队的联系，进行安全援助，提高非洲应急部队的作战能力①。美国海军军官托德·霍夫施塔特（Todd Hofstedt）甚至为美国如何利用非洲司令部这个新平台来同中国打交道设计了一整套的方案，他列举了中国在非洲的活动和目标，认为美国直接遏制中国是不现实的，逼迫非洲国家在中美之间进行选择也是不可取的，要紧的是保持耐心、集思广益，将中国纳入已有的国际规范中②。美国陆军军官乔纳森·菲尔德（Jonathan Fields）甚至独辟蹊径，考察了中国崛起对国际法尤其是对非洲国家内部司法的影响③。

2011年，非洲司令部公共事务处发布的《美国非洲司令部：第一个三年》，首次以官方的身份，披露了组建非洲司令部的经过、非洲司令部的架构、各兵种的活动和特殊项目的开展情况，以及非洲司令部接触非洲同行的四个安全目标，图文并茂，信息丰富④。2013年8月，美国国防部非洲战略研究中心研究员戴维·布朗（David Brown），以其在非洲丰富的外交官经历和任职非洲司令部高阶职员的资历，写就了报告《非洲司令部五年：美国新式作战司令部模式的成熟》，追溯了非洲司令部的历史，强调其跨部门合作的崭新实践，最紧要的是探析了外界对非洲司令部的认知，甚至分专章反击了那些认为非洲司令部是出于石油、反恐等而组建的言论，最后他坚持认为，为非洲司令部配置更多资源绝不等于美国外交军事化，反对美国同专制国家合作。

---

①GARRETT W B, MARINANO S J, SANDERSON A. Forward in Africa: USAFRICOM and the U.S. Army in Africa[J].Military Review, 2010(1): 16-25.

②HOFSTEDT T A . China in Africa: An AFRICOM Response[J].Naval War College Review, 2009(3): 79-100.

③FIELD J E.The Effects of China's Rising Legal Influence in Africa on AFRICOM's Strategic Objectives[J].Military Review, 2004, (1): 83-105.

④U.S. Africa Command Public Affairs Office. United States Africa Command, The First Three Years [R].Stuttgart, Germany, March 2011.

第二节　美国学界的研究

在政府部门之外，美国学术界是一大主力，因为学者可以依据自己独特的身份和研究视角，对美国军政外交进行指点与评论。

对于美国建立非洲司令部，很多学者表示欢迎，认为这是一大创举。美国海军研究生学院的奥拓・思博（Otto Sieber）追溯了美国在非洲不断变化的利益诉求，认为获取资源、反恐和经济因素是促使美国建立非洲司令部的原因，而未来国防部能够更好地捍卫美国在非洲的利益[①]。非洲安全研究项目学者丹尼尔・沃尔曼（Daniel Volman）认为，美国建立非洲司令部是水到渠成的事情，因为此前美国在非洲已经开展了多种多样的军事行动[②]。还有人竭力鼓吹非洲司令部重视多边主义和跨部门合作。霍华德大学卢启曼・阿杜勒哈（Luqann Abdullah）认为，非洲不断上升的地缘政治重要性，注定它必将成为大国竞逐之地。

对非洲司令部建立原因的思考大有人在。罗杰公司总裁卡梅尔・戴维斯（Carmel Davis）认为，美国设立非洲司令部是为了保护美国国家利益，具体而言就是要维持非洲国家的稳定，由此能够阻止基地组织渗透到非洲，也能

①SIEBER O.Africa Command：Forecast for the the Future[J].Strategic Insights，2007(1)：19-33.

②VOLMAN D.U.S. to Create New Regional Military Command for Africa:Sfricom[J].Review of African Political Economy，2007(114)：737-744.

更好地促进非洲资源的开发[①]。这是一种比较直白的捍卫理论。阿蒙斯通大西洋大学的约瑟·科鲁兹（Jose Cruze）等从考察非洲司令部的组织结构、使命、动力入手，思考非洲司令部到底是为了建立新型伙伴关系还是新殖民主义，其最终定论是，既然美国都能与那些专制非洲国家友好往来，那么非洲司令部自然是现实主义政治的产物[②]。

由于非洲司令部根据非洲具体形势而特别注重发展议题，所以很多学者认为这是一个重大范式转变。如曾在美国陆军服役并在利比亚、利比里亚、布隆迪、苏丹等国从事和平队行动的西恩·麦克菲特（Sean Mcfate）认为，非洲司令部是一个严重向民事倾斜的新型司令部，未来应注重同非政府组织的合作，借助美国国际开发署的先进经验[③]。他对非洲司令部的前景持谨慎乐观态度[④]。内尔讯国际公共事务研究所所长皮特·帕姆也认为，非洲司令部既是美国接触非洲的新制度设计，也是美国战略范式的重大转变，即从军事应对危机转变为强调人的安全，也就是预防冲突[⑤]。

曾以和平队志愿者在非洲开展活动的科林·杰森（Colin Jensen）认为，要想非洲司令部真正实现3D的理想，那么有五个工作要做：将非洲司令部的扶正工作同其他对外援助改革同步，增加民事部门的人员和经费，反击对美国对外援助军事化的指责，同其他大国开展多方合作，同非洲国家、次地区

---

①DAVIS C.Africom's relationship to Oil, Terrorism and China[J].Orbis, 2009, 53(1): 122-136.

②CRUZE J, STIPHEN L.The U.S. Africa command: Buliding partnership or new-colonialism of U.S.-Africa Relations?[J].Journal of Third World Studies, 2010(2): 193-213.

③MCFATE S.U.S. AFRICOM: A New Change of Paradigm?[J].Military Review, 2008(1): 10-21.

④MCFATE S.U.S. Afcica Command: Next Step or Next Stumble?[J].African Affairs, 2008(1): 111-120.

⑤PHAM P.American New Africsa Command: Paradigm shift or step backward?[J].Brown Journal of World Affairs, 2008(1): 257-272.

和区域性组织直接开展合作[①]。空军预备役军官罗伯特·姆森（Robert Munson）认为，未来非洲司令部要解决六个问题：预算、介入、信任、作战、案例、历史[②]。

一些美国学者对美国对非外交军事化这个命题产生了浓厚兴趣。俄亥俄北方大学政治学副教授科菲·培培拉（Kofi Pepra）认为，美国增加对非洲的军事卷入，是为了阻击恐怖主义，攫取能源，反击中国，同时也对主权、福利和非盟的生存造成了挑战，因之美国对非外交军事化已经擦枪走火，削弱了其维持战略利益的可能性，今后美国要采纳软权力战略来帮助非洲国家发展社会经济[③]。当然，他这种结论还是从非洲视角来看问题的，而密歇根州立大学戴维·威利（David Wiley）则从美国非洲学研究的角度来思考，他追溯了非洲研究协会等非洲研究机构的变迁，剖析了美国国防部等吸引学者研究非洲的历史（尤其是在德国斯图加特设立社会科学研究中心），认为非洲司令部所宣扬的大政府理念从侧面表明美国的非洲学研究已经军事化了[④]。他认为，美国军方和情报界、私人承包商支持国内外的非洲研究进而制定对非政策，这是一种新型的外交政策形成路径。退役军官约翰·坎贝尔认为，2000年以前，美国的对非政策主要是经济发展和民主建设方面，2000年以后则转向军事合作，由此也侵蚀了此前的目标。所以说，对非军事化也是有道理的[⑤]。但在这个问题上，苏塞克斯大学的贺拉斯·坎贝尔（Horace Campbell）的思考最为深入系统。早在2008年，他就抽丝剥茧般地分析了美国如何利用

①THOMAS-JENSEN C.Beyond Africo：Toward a Comprehensive U.S. Africa Policy[J].Yale Journal of International Affairs，2008(1)：33-45.

②MUNSON R.Do We Want to "Kill People and Break Thing in Africa"？ An Historian's Thoughts on Africa Command[J].Strategic Studies Quarterly，2008(1)：97-110.

③NSIAPEPRA K.Militarization of U.S. Foreign Policy in Africa：Strategic Gain or Blacklash？[J].Military Review，2014(1)：50-59.

④WILEY D.Militarizing Africa and African Studies and the U.S. Africanist Response[J].African Studies Review，2012(2)：147-161.

⑤CAMPBELL J.Is American Policy toward Sub-Saharan Africa Increasingly Militarized？[J].American Foreign Policy Interests，2013，35(6)：346-351.

反恐这个幌子来推销非洲司令部，指斥美国此举是要促使非洲再度军事化[①]。此后，他将视角转到美国国内的非洲研究，认为“9·11”事件后，美国社会科学研究与美国军事战略之间的关系日趋紧密，军方越呼吁“零阶段”战略，就越需要社会科学家提供对象国家的社会文化知识，唯此才能防患于未然。他甚至号召美国学者拒绝为非洲司令部提供智力支持[②]。笔者认为，他的研究触及了美国设置非洲司令部的智力根源，视野独特，见解深刻，观点犀利，让人耳目一新。

有几位学者分析了非洲人的反应。美利坚大学国际关系学院助理教授卡尔·勒凡（Carl LeVan）考察了28个非洲国家在非洲司令部建立后的18个月内的506份报道，发现那些经济发展态势良好、对美国援助依赖不强的国家倾向反对非洲司令部，而那些经济下行、严重依赖美国援助的国家则支持[③]。苏塞克斯大学非洲项目副主任厄瓦·欧铁诺（Orwa Otieno）认为，非洲集体性地抵制非洲司令部，是因为美国在非洲已有的军事基地都是在反殖民运动时期获得的，其中伴随着原住居民的背井离乡和付出生命代价、环境恶化和惨绝人寰[④]。

对于奥巴马总统如何利用非洲司令部的问题，两位非洲裔学者建议，奥巴马应该每年访问一次非洲，培训更多的医生和护士[⑤]。大西洋理事会的皮

---

①CAMPBELL H.Remilitarisation of African Societies: Analysis of the Planning behind Proposed US Africa Command [J].International Journal of African Renaissance Studies, 2008, 3(1): 6-34.

②CAMPBELL H, MURREY A.Culture-centric Pre-emptive Counterinsurgency and U.S. Africa Command: Assessing the Role to the U.S. Social Sciences in U.S. Military Engagement in Africa [J].Third World Quarterly, 2014, 35(8): 1457-1475.

③LEBAN C.The Political Economy of African Responses to the U.S. Africa Command [J].Africa Today, 2010, 57(1): 3-23.

④OTIENO O M.The U.S. -Africa Command and Pan-African Resistance[J].Peace Review: A Journal of Social Justice, 2010(2): 136-143.

⑤ISSA J, FARAJI S.The Obama Administration Revisiting and Reconsidering AFRICOM[J]. Journal of Pan Africa Studies[J].Journal of Pan African Studies, 2009, 2(9): 260-263.

特·帕姆批评非洲司令部建立后更多是延续了此前的项目，而没有捍卫新型的军事化外交政策，另外，非洲司令部必须在美国政策和非洲自己的安全设计之间寻找最佳结合点[①]。前中央情报局职员、后任海军战争学院国家安全事务与非洲区域研究中心副教授的史蒂文·埃莫森（Stephen Emerson）认为，不是所有的发展问题都可以用军事手段解决，奥巴马当局必须防止用遏制恐怖主义取代共产主义作为对非政策的要旨[②]。最具总结性的论文是宾州加利福尼亚大学法学院的凯文·戈恩（Kevin Govern）的《作为21世纪（不）稳定函数的非洲：通过非洲司令部计划看美国与非洲的安全、经济和开发上的进步》，这篇长达48页的论文是在非洲司令部运行4年之后写就的，探讨了非洲司令部4年来在法律、政治和行动上遭遇的挑战，不可多得[③]。

在著作方面，曾任美国空军情报官并在非洲、欧洲有广泛军旅阅历的罗伯特·贝尔斯琴斯基（Robert Bershinski），利用在耶鲁大学国际关系学院读研的机会，写就了专著《非洲司令部的难题：全球反恐战、能力建设、人道主义和美国对非安全政策的未来》，指出非洲的政治、经济、社会和地缘战略的重要性不断凸显，美国建立非洲司令部重视战争预防、跨部门合作和发展议题，有别于传统的以作战为目的的司令部，这固然是美国对非关系的里程碑，但回溯过往，此前美国混淆不同威胁的性质，过度强调反恐这个硬话题，将军事行动与人道主义活动混为一体，实际上已经损害了美国的战略利益，由此他提出了诸多建议。应该说，这是一本由一线军官撰写的专著，具有重要价值。

一些美国智库专门就非洲司令部发布报告或者举行专题会议，建言献

---

①PHAN P J.Africom from Bush to Obama[J].South African Journal of International Affairs, 2011,18(1):107–124.

②EMERSON S.The Battle for Africa's Minds and Hearts[J].World Policy Journal,2008,25(4):55–62.

③GOVERN K H.21st Africa as an"Arc of (in) Stability":U.S. and African Economic,Security and Development Policies Advanced through U.S. Africa Command Initiatives[J].Connecticut Journal of International Law,2011(281):281–328.

策。2007年5月，对外关系委员会就发布了背景报告《非洲司令部》，剖析了建立非洲司令部的实质，指出跨部门合作和驻地选址问题将成为关键①。2008年2月7—8日，南加州大学公共外交研究中心举办了一次名为“非洲司令部：美国在非洲的军事和公共外交”的会议，邀请非洲司令部高官如负责民事—军事活动的副司令玛丽·亚特，负责战略、规划和项目的主管希尔伯特·阿特舒勒（Herbert L. Altshuler）和国防部部长办公室非洲事务首席局长查尔斯·柯萨科（Charles P. Kosak），负责公共外交和公共事务的助理国务卿办公室国务院与国防部协调官布里恩·卡尔松（Brian E. Carlson）与会讨论对非的公共外交问题②。2009年10月17日，斯坦利基金会举行的“和平战略”年会中有一场“非洲安全与美国非洲司令部的未来”圆桌讨论会，这次会议的特点是议题广泛深入，13位学者各抒已见，比如有学者讨论了非洲司令部如何与私人部门结成伙伴关系。其会后的总结与思考也很有价值。

①HANSEN S. U.S. Africa Command [R].Backgrounder, Council of Foreign Relations, May 2007.

②SEIB P ed.AFRICOM: The American Military and Public Diplomacy in Africa[C].Proceeding of the USC Public Diplomacy Conference, University of Southern California, 2008.

第三节　非洲及欧亚学者的质疑

据现代国际关系学泰斗汉斯·摩根索的见解，国际关系乃是“国家间政治”，易言之，美国宣布建立非洲司令部后，不同国家基于自身的战略考虑，也会产生不同的反应，彰显“远近高低各不同”的多重图景。

非洲国家首当其冲地感受到美国设立非洲司令部所带来的冲击。

南非海军上尉吉美森（Jamison）从美国诸多官方文件入手思考美国建立非洲司令部的后果，认为这既是机遇也是威胁，前者指美国驻军会成为维持地区稳定的有效力量，会为南非海军提供培训、后勤辅助等支持；后者指美军会成为恐怖主义的标靶，会引发中美两国的冷战[①]。南非斯坦陵布什大学安全与非洲研究学院研究员阿贝尔·恩斯伯约（Abel Ersterbuyse）认为，非洲司令部能让美国更近距离地了解非洲、融入非洲，但美国必须解决此举在大西洋两岸引起的猜忌，即如何破除人们对美国外交日益侵略性、军事化的怀疑，同时也要剔除索马里综合征的桎梏[②]。南非夸祖鲁·纳塔尔大学国际关系专业3位学者的文章《美国非洲司令部：保卫谁的安全?》，这样醒目的标题抨击美国的不良用心，认为非洲司令部虽然是用“人的安全”作为理论依

①JAMISON D G.AFRICOM：a Threat or an Opportunity for African Security[J].South African Journal of International Affairs，2009(3)：311-329.

②ESTERHUYSE A.The Iraqization of Africa? Look at AFRICOM From a South African Perspective[J].Strategic Studies Quarterly，2008(1)：111-130.

据，但它本质上依然是为了满足美国的安全需要，而不是解决非洲的发展问题，是美国新帝国主义野心的表现，是美国企图控制非洲军事从而加强在该地区的战略利益这个霸权设计的体现[①]。他们认为，美国先前强调贸易，现在注重军事，这是在应对来自欧盟、中国的竞争[②]。

尼日利亚学者恩欧华（Onouha）在分析尼日利亚拒绝非洲司令部总部选址该国的原因时认为，这是启蒙运动以来的政治哲学使然，也是该国对美国奉行建设性接触外交的结果，他担心美国由此会拐弯抹角地干涉尼日利亚的内政[③]。索马里哈尔格萨大学博士生阿布迪·梅色拉（Abdi Meskela）指出，以往对非洲司令部的研究，要么是为美国由此可以整齐划一地解决非洲问题而欢欣，要么是大肆挞伐美国的新殖民主义野心，这种两分法过于简单，理性的做法是保持一种中庸立场，力促美非经由非洲司令部建立互利的关系。塞内加尔陆军军官穆萨与两位美国退役军官联合撰文《被误导的主意：抵制非洲司令部》，分析了应对中国挑战和反恐之于美国建立非洲司令部的目的的解释，然后从战略角度提出了七条建议，比如用更加详尽的方式阐释建立非洲司令部的原因。从战略沟通角度也提出了四条建议，比如降低反恐腔调[④]。依笔者之见，这份融合了美非军官的建议还是很中肯的。

欧亚学者没有作壁上观。英国开放大学弗格森非洲和亚洲研究中心的撒贝罗（Sablelo）博士和澳大利亚莫纳什大学国际关系专业的维克多（Victor）博士认为，美国建立非洲司令部标志着美国对非政策从人道主义援助视角转

---

①GILBERT L D, UZODIKE O, ISIKE C. The United States Africa Command: Security for Whom?[J].Journal of Pan African Studies,2009(9):265-281.

②GILBERT L D, UZODIKE O, ISIKE C.The United States Africa Command: Enhancing American Security or Fostering African Development?[J].African Security Review, 2008,17(1):20-38.

③ONOUHA F C.U.S. Africa Command and Nigeria's National Security [J].Africa Insight, 2008,38(1):173-184.

④MBOUP D, MIHALKA M, LUTHAROP D.Misguided Intentions: Resisting AFRICOM[J].Military Review,2009(4):87-92.

为力促非洲安全化，也就是防止恐怖主义在这块动乱的大陆滋生蔓延，由此他们认为，美国此举是霸权主义的表现，因为美国利用失败国家理论将非洲纳入监控之下[①]。英国布里斯托尔大学政治系教授简·巴启曼（Jan Bachmann）认为，美国建立的非洲司令部，聚焦人的安全，注重跨部门合作，这表明非洲已经成为美军作战思维从镇压叛乱向预防冲突转变的练兵场，军事和民事力量将齐心协力解决问题[②]。后来，他移席丹麦哥本哈根大学全球学研究院，采用“治安非洲”（Policing Africa）这个新概念来探析美军在非洲的行动，并且认为，当代西方国家认定国家失败、激进化和人道主义灾难是导致全球南方国家陷入长期冲突的原因，由此西方国家祭出“维稳”的大旗，美国在撒哈拉南部非洲国家的军事行动就是这样，接着他征引了非洲司令部开展的民事项目及美军在冲突地区的积极卷入政策[③]。伦敦大学考古和社会学系教授杰雷米·基南（Jeremy Keenan）从考古学家的角度思考，他认为非洲司令部不会帮助非洲人，也不会提升非洲安全或者阻止战争，因为美国当时国防支出是外交和开发支出的17倍；未来几十年非洲将不得不反击美国对非外交军事化的倾向[④]。2008年2月18日，英国老牌智库皇家联合军种国防研究所举办了名为“美国非洲司令部和美非关系”的研讨会，邀请非洲司令部司令威廉·瓦德等美国高官，从美国在非洲的军事政策，非洲对非洲司令部的反应，援助、安全和开发，国际安全关系等几个角度进行了深入的探讨[⑤]。2010年5月，英国布拉德福德大学的和平学系非洲和平与冲突研究所所长戴维·

①JINDLOVU S, OJAKOROTU V.Surveillance over a Zone of Conflict: Africom and the Securisation of Africa [J].Journal of Pan African Studies, 2010(6): 94-110.

②BACHMAA J.“Kick Down the Door, Clean Up the Mess, and the Rebuild the House”——AFRICOM and the Transformation of the U.S.Military[J].GeoPolitics, 2010, 15(3): 564-580.

③BACHMANN J.Policing Africa: The US Military and Visions of Crafting“good order”[J].Security Dialogue, 2014, 45(2): 119-136.

④KEENAN J.U.S. Militarization in Africa: What Anthropologists Should Know AFRICOM[J]. Anthropology Today, 2008, 24(5): 16-20.

⑤RUSI Africa Program.AFRICOM and U.S. Africa Relations[R].RUSI Conference, 18 Feb, 2008.

弗兰西斯（David J. Francis）主编了《美国对非战略：非洲司令部、恐怖主义和安全挑战》，全书分为12章，其特点是从美国对非外交的长时段角度考察非洲司令部的缘起，其中还有直接参与设计非洲司令部的美国高官的文章；从非洲内在的区域性国际组织的角度考察非盟与非洲司令部的关系，更从大国竞相角逐非洲的视角进行研究，总体而言，这是一本视野宽宏、资料翔实的著作①。2012年11月16日，英国另一著名智库皇家国际事务研究所（即俗称的查塔姆社）邀请第二任非洲司令部司令卡特·哈姆（Carter Ham）做了一次名为《美国非洲司令部：保护美国利益和提高非洲国家能力》的深度访谈，卡特·哈姆畅谈了4年来非洲司令部所开展的项目，澄清了外界的误解，尤其阐释了如何因地制宜地同非洲国家交流合作的过程。

德国现代东方研究所学者吉尔伯特·陶谷苒（Gilbert Taguem）也认为，美国建立非洲司令部是美国外交军事化的表现，它扰乱了非洲的地方秩序，但是非洲反对非洲司令部的活动的主体不能只局限在非洲国家领导人，而应联合吸收广大的非政府组织，让美国在非洲的公司和国会感受到非洲的反感②。

不过，以色列学者伊萨克·科菲（Isaac Kfir）却认为，美国建立非洲司令部标志着美国意识到了非洲的战略重要性，以后美国能更好地维护非洲安全与和平，而非洲司令部注重发展、外交和军事的融合，定能解决非洲特殊的问题③。挪威阿哥德大学副教授斯蒂芬·冈留尔（Stefan Ganzle）认为，美国建立非洲司令部并不意味着美国外交的军事化，而是表示国际开发署和外交部的地位将提升，但在非洲司令部，中国国防部、国务院和国际开发署将

---

①FRANCIS D J. ed.U.S. Strategy in Africa: AFRICOM, Terrorism, and Security Challengers [C].Taylor&Francis, 2010.

②FAH G T.Dealing with Africom: The Political Economy of Anger and Protest [J].Journal of Pan African Studies, 2010, 3(6): 81–93.

③KFIR I.The Challenge that is U.S. AFRICOM [J].Joint Forces Quarterly, 2008(2): 110–113.

如何协调合作必定任重道远[①]。

有学者追溯了美国在非洲的维和行动，发现不管是非洲危机反应计划，还是现在的非洲司令部，都是美国在此前项目进展不利的情况下，心急火燎地推出的项目，这种急于求成的心态自然招致了广泛的怀疑，换言之，非洲人不相信非洲司令部就是反恐[②]。也有学者认为，美国建立非洲司令部显示美国仅仅从军事上关注非洲，但实际上非洲提供的机遇远比挑战多，因此美国应该采取更为均衡的外交政策，换言之，更为低调的对非外交政策有益于美国[③]。

印度常驻非盟代表古吉特·辛格（Gurjit Singh）认为，美国建立非洲司令部的时候，正是印度和中国大步进入非洲之时，理解美国接触非洲的完整方式是非洲经济增长与商机法案+非洲司令部，可是前者易于理解，而后者难以被人接受，原因在于美国接触非洲更多的是从政治角度考虑，有别于印度、中国甚至欧盟接触非洲的方式[④]。中国云南大学的副教授刘军认为，非洲战略地位的上升是美国建立非洲司令部的根本原因[⑤]。渤海大学的副教授曹升生认为，美国在利用失败国家理论作为建立非洲司令部的理论支柱[⑥]。

2009年，美国欧道明大学当代冲突研究中心主办的期刊《当代安全政策》（*Contemporary Security Policy*）刊发了一份非洲司令部专辑，内有多国学者撰写的11篇文章。这些文章大体上分为四类：第一类是为非洲司令部摇旗呐喊的，如詹姆斯·弗斯特等人认为，美国应该注意倾听、学习和咨询非洲

---

①GANZLE S.AFRICOM and U.S.Africa Policy:“Pentagonising”Foreign Policy or Providing a Model for Joint Approaches?[J].African Security Review,2011,20(1):70-82.

②BAH A S,ANING K.U.S. Peace Operations Policy in Africa:From ACRI to AFRICOM [J]. International Peacekeeping,2008,15(1):118-132.

③COBB A.Don't Stop with Joint Force Command……Cut AFRICOM too[J].African Security Review,2011,20(1):134-140.

④SINGH G.An Indian Perspective on Unite States Africa Command (AFRICOM) [J].Strategic Analysis,2010(3):371-380.

⑤刘军.美军建立非洲司令部的目的与影响[J].现代国际关系,2007(9):23-28.

⑥曹升生.失败国家理论粉饰美国建立非洲司令部[J].南通大学学报(社会科学版),2010(4):71-76.

人，促进相互交流和开展公共外交，他们还赞颂首任非洲司令部司令威廉·基普·沃德临危受命[①]。第二类是批评美国创建非洲司令部表现出的霸权行径和粗糙作风，其中有一篇集中批评了小布什总统自以为是的独断作风[②]。第三类是思考非洲司令部对非洲的不良影响，比如爱德华·纽曼追问美国到底是想促使非洲问题安全化还是去安全化[③]。第四类是涉及其他大国的，比如一位法国学者谈到，冷战结束前美国和法国在非洲保持着默契，但是此后法国则不满美国逐渐侵蚀非洲的做法，所以法国现今通过欧盟这个幌子来抵制美国在非洲的攻势[④]。总体而言，这份专辑价值极大。

结 语

2000年左右，美国军方就对是否要为撒哈拉南部非洲设置一个单独的司令部这一议题展开辩论[⑤-⑥]，至2005年前后更趋激烈，此间有海军、陆军军校的多篇学位论文论述此事[⑦-⑧]。但是这一设想到几年之后才得以实现，真正的

①FOREST J J F, CRISPIN F R.AFRICOM: Troubled Infancy, Promising Future [J].Contemporary Security Policy, 2009, 30(1): 5-27.

②BURGESS S.In the National Interest? Authoritarian Decision-making and the Problematic Creation of U.S. Africa Command[J].Contemporary Security Policy, 2009, 30(1): 79-99.

③NEWMAN E.Securitizing vs Desecuriziting African Problems[J].Contemporary Security Policy, 2009, 30(1): 67-71.

④BAGAYOKO N.French Reactions to AFRICOM: An Historic Perspective[J].Contemporary Security Policy, 2009, 30(1): 28-31.

⑤CAMPBELL J E.Sub-Saharan Africa and the Unified Command Plan[J].Joint Force Quarterly, 2000-2001(4): 72-57.

⑥GATOIRE R G.A CINC for Sub-Saharan Africa? Rethinking the Unified Command Plan-Commanders in Chief [D].U.S. Army War College, 2000.

⑦CALE P P.African Command——The Newest Combatant Command[D].M.A. Thesis, U.S. Army War College, 2005.

⑧BROWN C M.U.S. National Security Interests in Africa and the Future Global War on Terrorism(GWOT): A Proposal to Create an African Regional Combatant Command and a Regional African Special Operations Command[D]. M.A. Thesis, Naval Postgraduate School, 2005.

原因在于非洲已经成为全球经济发展最后的投资乐土，域外大国竞相进入，中国、印度、巴西、韩国、俄罗斯、马来西亚、日本、土耳其、欧盟等你追我赶地涌入非洲，所以非洲出现新兴大国和已有大国两股势力交相竞争的崭新态势①。一贯抱持全球视野的美国自然而然地在已有司令部设置的基础上推陈出新，组建了非洲司令部。

可是问题在于，美国的理想主义传统必然驱使它采用冠冕堂皇的旗帜来粉饰包装这个新生的非洲司令部，于是外交理论上的“人的安全”“失败国家”理论粉墨登场，与此相辅相成的是军事上的“零阶段”理论，力图将战争扼杀在萌芽状态。可是非洲的形势迥异于其他地区，它虽然没有可以叫板美国的区域性强国，但是其纷繁复杂的历史、种族、文化等因素又驱使美国不得不将外交、开发等议题纳入军事范畴之内，以便标本兼治、事半功倍。同时，现实主义思维下的美国又无法剔除固有的傲慢与偏见，于是事先不跟非洲交流沟通，事后国会也仅仅招致南非两位代表来参与听证，包装门面，由此也无法阻止非洲普遍的反感和抵制，所以非洲司令部的总部选址问题一直悬而未解，即便非洲司令部司令已历三任。

但就小布什总统宣布建立非洲司令部后的这11年来的美国内外的研究而言，内容包括建立非洲司令部的理由、使命、理念、反响、不足和走向等各个方面，其间美国官方的慷慨陈词、学者的褒贬不一给人深刻印象，尤其是贺拉斯·坎贝尔指出美国军方“鼓励”非洲学学者研究非洲导致美国非洲学研究军事化，可谓自出机杼。而非洲、欧洲、亚洲国家的学者的观察，表面上异彩纷呈，内里却是各具情态。非洲国家表现出了深深的疑虑，而英国、

①南非国际问题研究所的《南非国际关系研究》(South Africa Journal of International relations)于2009年第一期，刊发了专辑《非洲与新兴大国：为国际接触设计一个新方向》，含有8篇文章，既有对中国—印度—巴西和南非—印度—巴西三方论坛的具体分析，也有对非洲与新兴国家关系的展望，更有一篇《尴尬的拥抱：新来大国、已有大国与21世纪非洲国际关系的转变》。英国伦敦政治与经济学院2008年新创立的“IDEAS”智库也发布了《新兴大国在非洲》专题报告，研究了中国、印度、巴西、韩国、土耳其的对非政策，详情参见http://www.lse.ac.uk/IDEAS/publications/reports/SR016.aspx.

以色列等美国盟友则称赞非洲司令部的创新之处，但法国则抨击美国破坏此前的默契。相比之下，印度和中国学者是从新兴大国的角度进行思考的。

总之，美军非洲司令部11年来蹒跚而行，国内外闲言碎语不断，如今依然在欧洲司令部总部德国斯图加特寄人篱下，不知未来身归何处，与成立初衷相比，不能不说是对美国的一大讽刺。

第四章

美国国际问题类新型智库个案研究

第一节　高校类智库的相对优势

20世纪初，美国成为新兴大国以来，智库就与影随形般为之出谋划策，成为美国强大的重要保障。进入21世纪以来，伴随着美国内外形势的变化，大量国际问题类新型智库不断涌现，其中一些已崭露头角，且影响已经超过了一些老牌智库。但是另有一些智库，却因为各种原因不为中国学界所知，本节便试图剖析这些新型智库的起源、类别和发展路径。

一、美国国际问题类智库的历史演进

探讨美国国际问题类新型智库，就不能不考察整个美国国际问题类智库的发展史。

一般来说，美国智库最早可以追溯到20世纪10年代，那个时代就美国国内而言，是“进步运动”的尾声，管理专业化、透明化成为政府改革的主流呼声，因此专家治理成为主导思想；就国际形势而言，美国已经完成了工业革命，作为新兴全球大国蒸蒸日上，最后参与了第一次世界大战，因此美国与世界的关系达到崭新的高度。在这种内外形势下，卡内基国际和平基金会、布鲁金斯学会和胡佛研究所等第一批美国智库诞生了，其中钢铁大王安德鲁·卡内基于1910年建立了卡内基国际和平基金会，就是要加强国家间的合作，促进美国的国际接触；1916年建立的布鲁金斯学会则是要提高美国的民主，改善所有美国人的经济和社会福利，获得一个开放、安全、合作的国际体系。20世纪20年代，为了预防战争而缔造和平，对外关系委员会于1921年成立，成为与英国查塔姆社相对应的一个机构；为了防止美国又恢复到一战前的孤立主义状态，芝加哥全球事务委员会应运而生。20世纪30年代，在罗斯福新政的余波中，1938年美国企业研究所成立，旨在研究政府与市场的关系，研究如何让国防和外交变得强大。二战后，接受政府巨额经费并按照合同研究防务的兰德公司出现，一度改写了美国智库的发展模式。冷战期间，随着美苏争霸的起伏和世界局势的演变，美国智库进入新的时期，表现在以下几个方面：第一，专一于美国外交的智库开始大量出现，比如外交政策问题研究所、外交政策分析研究所、外交政策研究所、战略与国际问题中心、美国外交政策理事会、美国外交政策全国委员会。第二，针对具体地区或国家的智库纷纷出现，比如集中在中东地区的就有中东政策和信息项目、中东政策理事会、犹太国家安全事务研究所、近东政策研究中心。第三，以全球视野来审视美国外交的智库也开始出现，比如世界政治研究所、国家利益理事会。第四，强调扩展民主的智库大量出现，比如人权观察组织、国家民主基金会、国家民主研究所。第五，专注能源、环境等非传统安全的智库如世界资源研究所和世界观察研究所也出现了。相对而言，20世纪90年代的美国智库，更多体现了冷战后美国外交“转型”的强烈色彩，也就是如何适应苏联解体后的世界形势，一方面是美国外交的中心要从欧洲转移到亚太和中东地区，这方面的新型智库有中东政策论坛、美中政策基金会、太平洋国际政策理事会；另一方面是如何塑造崭新的美国，比如新美国世纪计划、新美国基金会和战略与预算评估中心。鹦鹉螺研究所，这家1992年成立的智库思考日益迫切的非传统安全问题，比如城市和环境问题、亚太地区气候的变化问题。第六，是1995年在美国登记成立的国际危机集团，它由卡内基国际和平基金会策动，总部最后设在比利时的布鲁塞尔，但是在华盛顿特区、纽约、伦敦、莫斯科都设有办公室，其口号是“努力阻止世界范围内的冲突”。它是美国智库国际化的先行者。

表4–1 美国国际问题类智库发展史

20世纪10年代	卡内基国际和平基金会，布鲁金斯学会，胡佛研究所，卡内基伦理与国际事务理事会等
20世纪20年代	对外关系委员会，芝加哥全球事务委员会等
20世纪30年代	美国企业研究所等
20世纪40年代	兰德公司，自由之家，中东研究所，约翰·霍普金斯大学高级国际问题研究院，海军分析中心等
20世纪50年代	阿斯平研究所，当前威胁委员会，外交政策问题研究所，蒙特雷国际研究学院，亚洲基金会等
20世纪60年代	哈德逊研究所，战略与国际问题中心，威尔逊中心，大西洋理事会，世界政策研究所，东西方中心等
20世纪70年代	加图研究所，西半球事务委员会，中东政策和信息项目，犹太国家安全事务研究所，三边委员会，传统基金会，弗吉尼亚大学米勒中心，布朗大学瓦特森中心，国际政策中心，克拉美特研究所，国防信息中心，世界安全研究所，美国外交政策全国委员会，哈佛大学贝尔福中心，人权观察组织，外交政策分析研究所，世界观察研究所，美国—亚洲研究所等
20世纪80年代	彼得森国际经济研究所，卡特中心，安全政策中心，国家民主基金会，国家民主研究所，泛美洲对话，美国和平研究所，詹姆斯敦基金会，自由世界委员会，国家利益理事会，美国外交政策理事会，近东政策研究中心，外交政策研究所，史汀生中心，中东政策理事会，国家亚洲研究局，进步政策研究所，国家政策中心，欧洲研究所，“高边疆”等
20世纪90年代	鹦鹉螺研究所，战略与预算评估中心，国家利益中心，中东政策论坛，美中政策基金会，太平洋国际政策理事会，纽约大学国际合作中心，美国伊朗理事会，莱斯大学贝克中心，新美国世纪计划，战略预测公司，新美国基金会，高级防卫问题研究中心，斯坦福大学国际合作与安全中心，皮尤研究中心，开放社会基金会，中日美比较政策研究所，国际危机集团等
2000年	社会政策与理解研究所，保卫民主基金会，全球发展中心，全球安全分析研究所，美国进步中心，斯特莱特理事会，气候战略中心，外交政策创议，战争研究所，雪城大学国家安全和反恐研究所，南加州大学公共外交研究中心，国家政策研究所，伊朗政策委员会，国家安全网络，新美国安全中心，2049计划研究所，中东民主计划，国际评估和战略中心，全球金融诚信组织，全球合作安全中心，美国安全计划，核威胁计划，核安全项目，哈利法克斯论坛，肯尼绍州立大学印度、中国和美国研究所，解决国际冲突等
21世纪10年代	麦凯恩研究所，卢佳中心，21世纪研究项目，佛蒙特大学环境外交和安全研究所，气候和安全中心，全球利益中心，盖特斯通基金会，亚洲协会政策研究所，国际海洋安全中心，气候和能源方案中心，隆·保罗和平与繁荣研究所，现代俄罗斯研究所等

进入21世纪，美国涌现的新型智库，不但在数量上惊人，而且在影响上

发人深思。就数量而言，据不完全统计，自2000—2015年，美国共出现了37家国际问题类新型智库。就影响而论，其中14家新型智库锐意进取，其发展势头甚至超过了一些老牌智库。在著名学者詹姆斯·麦克甘（James G. McGann）博士2014年版《全球智库报告》的美国前60名智库名单中，全球发展中心、新美国安全中心、美国进步中心都已经超越前辈智库了，而在其他美国智库的单项排名中，全球金融诚信组织、外交政策创议、麦凯恩研究所等都榜上有名，显示了强劲的发展势头①。但是有些智库则因为时间等原因而不为人知，接下来将集中于这些声名比较不显的美国国际问题类新型智库，探讨它们的渊源流变、发展路径和现实影响。

二、美国国际问题类新型智库的类型

美国国际问题类新型智库，大致可以分为七大类。

第一类是区域类。这些智库集中在一个特定地区或国家。2004年成立的斯特莱特理事会（Streit Council）专门研究欧洲，其渊源可以追溯到1939年，是年《纽约时报》主笔克莱伦斯·斯特莱特（Clarence Strelet），写出了《民主联盟》一书，呼吁大西洋两岸的民主国家联合起来以遏制法西斯主义发动的战争。虽然这没能阻止二战，但他的民主联盟思想却在战后推动了北约和欧盟的成立。在21世纪如何强化大西洋两岸的民主联盟，便是斯特莱特理事会的使命。2005年，长期从事民主渗透工作的麦克罗姆·布鲁斯（Mccolm Bruce），成立了伊朗政策委员会（Iran Policy Committee），希望在外交接触和军事打击政策之外开辟第三条道路，也就是调动伊朗国内的反对派来颠覆伊朗政权。2012年，长期旅居美国的俄罗斯籍著名学者尼克莱·滋洛宾（Nikolai Zlobin）博士，成立了全球利益中心，在仅有3名员工的基础上，以小博

①MCGANN J.2014 Global Go to Think Tank Index Report[R].Think Tanks and Civil Societies Program, University of Pennsylvania, Pennsylvania, March 1, 2015.

大，深入研究俄罗斯对当代国际关系的影响。2014年美国的亚洲协会专门成立的亚洲协会政策研究所（Asia Society Policy Institute ），则是顺应中国崛起对亚太格局的影响，服务美国推行亚太再平衡战略。从这几家区域类智库来看，美国新型智库覆盖欧洲、中东、俄罗斯、亚洲等当前世界政治的热点地区，昭示了美国外交的重点所在。

第二类是高校类。新时期美国高校也在积极思考如何与时俱进，在资源整合的基础上建立新型智库。这里面比较典型的是雪城大学建立的国家安全和反恐研究所，它在汲取前辈智库以区域研究为本的经验的基础上，积极研究伊斯兰极端主义、网络战、情报战等新问题，十分注重数据库建设，大有后来居上之势。相比之下，南加州大学公共外交研究中心（USC Public Diplomacy Center）则专一于公共外交研究。而佛蒙特大学建立的环境外交和安全研究所（Institute for Environmental Diplomacy and Security）另辟蹊径，着意研究环境外交等更为崭新的议题。2003年肯尼绍州立大学成立了印度、中国和美国研究所，从新兴市场的角度研究这三个国家之间的关系，同时还别出心裁地探索新的研究方式来发挥影响。

第三类是由资深议员建立的智库。这些议员都在国会服务了20多年，在政坛上有很大的影响力。2001年佐治亚州参议员萨姆·努恩建立了智库核威胁计划（Nuclear Threat Initiative），2007年他又联合基辛格等人建立了核安全项目（Nuclear Security Project），继续倡导对核武器的管制。约翰·麦凯恩驰骋美国政坛多年，曾参加2008年总统选举，2012年他在故乡亚利桑那州立大学建立了麦凯恩研究所（McCain Institute），继续施加影响。2013年，印第安纳州参议员理查德·卢佳（Richard Lugar）卸任后创立了卢佳中心（ Lugar Center）。2015年年初，得克萨斯州众议员隆·保罗创立了隆·保罗和平与繁荣研究所（Ron Paul Institute for Peace and Prosperity），倡导和平主义的外交政策。

第四类是运作上突破创新的一类。它们特意选取某一特殊路径来施加影响。比如，2011年成立的哈利法克斯论坛（Halifax Forum）组织建立了庞大的专家网络，每年年终通过召开大型论坛研讨国际局势并提供政策建议的形式来彰显自己的主张。而盖特斯通基金会（Gatestone Foundation）则希望在新闻媒体上发力来教育公众，侧重民主和法制、人权、能源独立、防卫、经济等议题。同年成立的国际海洋安全中心（Center for International Maritime Security）则通过招募志愿者的形式，同欧美很多国家的相关组织结成伙伴，建立分会，然后在特定的时间围绕某个海洋战略问题召开讨论会。2003年成立的解决国际冲突（Solving International Conflict）也是一家全志愿者组织，通过教育、调停和谈判解决暴力冲突。

第五类是关注气候变化和能源安全的智库。首先是成立于2004年的气候战略中心（the Center for Climate Strategies），它致力于通过全球公私伙伴关系和促成协调合作来完成针对气候变化的行动和分析；其次是2011年接续已经终止运行的皮尤全球气候变化中心的气候和能源方案中心（the Center for Climate and Energy Solutions），最后是专门研究气候变化所导致的安全风险的气候和安全中心（Center for Climate &Security），这三家智库各有侧重，昭示了美国企图主导全球气候治理制度的努力。2002年，美国前中央情报局局长詹姆斯·沃尔西（James Woolsey）等人建立了全球安全分析研究所（Institute for Analysis of Global Security），研究能源与安全之间的联系，为公众讨论如何加强全球能源安全提供辩论平台。

第六类是“9·11”事件所催生出来的智库。“9·11”事件后美国一些穆斯林学者迅速成立了社会政策和理解研究所（Institute for Social Policy and Understanding），力图将自己与嗜好暴力恐怖主义的极端伊斯兰教徒区别开来，其宗旨是为美国和海外的穆斯林社区的问题提供解决方案，而其研究范围不仅包括美国和欧洲，还包括中东、南亚等。很明显，这是一家由内政而延伸至国际问题的智库，它既表明了亨廷顿所预言的文明的冲突在国际层面的压力，也证实了他在《我们是谁?》一书中对美国人口变化趋势的担忧。

第七类是21世纪难得一见的综合类智库。即专门研究21世纪人类共同面对的新问题，其核心研究议题是非洲、中东、地缘政治、冲突、美国外交政策。

三、区域类国际问题类新型智库超越老智库的尝试

就区域类智库而言，除了全球利益中心外，此前都有研究相同区域的智库，因此这些新型智库要想发展壮大就必须有所创新。研究大西洋两岸民主国家关系，此前以1961年成立的大西洋理事会（Atlantic Council）最为著名，但是近年来大西洋理事会扩大了研究议题，扩展到了阿富汗、伊朗、中东和亚洲地区，因此成为综合类智库。另一个研究欧洲事务的智库是成立于1989年的欧洲研究所（The European Institute），其口号是“促成21世纪美欧的合作关系”，为此设置了国防与安全、能源、环境、本土安全、贸易和投资、金融和经济事务等项目，涵盖欧洲与美国关系的各个领域，其特点有二：一是发行《欧洲事务》期刊，同时有欧洲—美国事务政策论坛；二是研究议题虽然广泛，但是非常细致深入，比如其防卫议题下有军控、北约、武器系统、欧洲稳定、欧洲防卫、作战、武器采购、太空、软实力等更为细致的论题。相比之下，斯特莱特理事会也设置了详细的项目来开展研究，其政策研究涵盖跨大西洋能源和环境、跨大西洋安全、跨大西洋共同体、跨大西洋经济、全球治理等五个方向，而其政策创议则包括强化大西洋制度和民主共同体研究。它还通过访问学者项目来招募学者进行相关议题的研究。可以说，在研究欧洲方面，斯特莱特理事会与欧洲研究所形成竞争关系，其突出的特点是从民主国家结成联盟来遏制战争这一意识形态出发的。

亚洲协会政策研究所与其前辈同类智库国家亚洲研究局（National Bureau for Asian Research）相比，则是另一番景象。成立于1989年的国家亚洲研究局的使命是研究事关美国在亚洲的战略、政治、经济、全球化和能源等问题，

它设有专门的东北亚研究中心、国际政策中心和国家安全研究中心，乃至卫生和人口老龄化研究中心，其研究项目包括亚洲的战略价值、中国安全研究，描绘巴基斯坦内在的发展动力，中美战略关系，太空、网络与亚太稳定，灾害救济，太平洋能源项目，缅甸不断增长的地区影响力等。它处心积虑地开展各种活动，力图为决策者、学界、媒体和公司提供相应的服务并成为沟通各界的桥梁。它的数据库建设和论坛建设颇可称道，其数据库如“亚洲的战略价值”附有1990—2012年37个亚洲国家在10个议题上的70多个指数；其论坛有日美关系电子论坛、中国—WTO论坛。与之相比，亚洲协会政策研究所的口号就是成为“服务亚洲世纪的智库”，研究地区包括中亚、南亚、中国、缅甸、伊朗，由此可以看出，亚洲协会政策研究所的研究方向更为集中明确。它宣称与同类智库迥然有别的方法是“呼唤理解”（指亚洲的挑战需要跨越部门界限的人群来共同应对）、“全面接触”（指呼吁亚洲各国通过积极交流来消除误解和猜忌）和“汲取专家网络智慧”，最后一项指它拥有强大的顾问理事会以及亚洲协会的全球理事会，其“专家网络”中有160多名来自政界、商界、学界的关注亚洲事务的精英。另外，它还通过设置“施瓦茨研究员”项目和“瓦德·沃斯研究员”项目招募外界学者来开展研究。可见，亚洲协会政策研究所也注重网络拓展，但研究议题更为集中，更强调利用外来智慧来开展研究。

独树一帜地来研究俄罗斯，这是全球利益中心的使命，其影响力则不容小觑。资深俄罗斯问题专家、美国国务院国际安全事务顾问布鲁斯·布莱尔（Bruce G. Blair）任其执行委员会主任，曾任美国驻俄罗斯和联合国大使、在国务院负责公共事务的助理国务卿托马斯·平克林（Thomas Pickering）是其特别顾问。其研究议题是分析美俄关系、全球治理和21世纪的欧亚大陆，而其研究项目分为美俄关系、乌克兰之后、中美俄三角关系、新生代专家、全球治理、俄罗斯的世界，可以说是以美俄关系为中轴来审视俄罗斯对世界政治的影响。全球利益中心特别重视对青年学者的培养和开发，其新生代专家项目就是特意招募国际关系领域22—35岁的青年才俊常驻一年，开展专门研究。

与上述几个蓬勃发展的新型智库相比，美国伊朗委员会则与其同类智库美国伊朗理事会（American Iran Council）的命运截然相反。美国伊朗委员会一直强调伊朗对美国的威胁：发展核武器，支持恐怖组织，向其人民灌输激进思想，由此呼吁美国政府在保持外交和军事高压态势的同时，积极寻求支持伊朗国内的反对派。而成立于1990年的美国伊朗理事会不但倡导两国要加强交流，消除误解、误算，还获得伊朗政府允许在德黑兰开设办事处，成为美国唯一一家驻扎在伊朗的致力于和平与解决冲突的非政府组织。它以加强对话为宗旨，多次组织美国伊朗双方高级官员进行对话。2007年，它甚至邀请伊朗总统内贾德与美国学界、商界和媒体界领袖进行了会谈。因此，很多伊朗驻联合国大使都曾在此机构工作过。相比之下，美国伊朗委员会则运行不善，2007年即陷入沉寂。

四、高校类国际问题类新型智库的积极进取

高校类国际问题类新型智库之所以要单独列出，是因为高校本身有师资，在资源整合的基础上就可以成立智库，另外高校还有教学任务，所以这个平台与其他非政府组织迥然有别。相对而言，高校类国际问题类新型智库的创意更为明显，其主要标志是明确表示进行跨学科研究，建立伙伴关系进行跨国化运作。

通观大学智库，其共同点如下：

第一，紧贴时代，选题新颖。雪城大学国家安全和反恐研究所的研究议题有法律、国家安全与反恐，安全治理，科学、网络和技术的新边疆，本土安全，中东安全与伊斯兰，国防、情报和战略研究。每个议题之下又有更为细致的子项目，比如法律、国家安全与反恐的下面，设立“新战场与旧法

律”以检视非对称作战条件下已经使用一百年之久的海牙武装冲突法的局限性，设置“法治报告”项目来考察美国在伊拉克和阿富汗军事行动后美国政府推行的法治项目的实际效果与启示。其“科学、网络和技术的新边疆”的专家来自网络安全法和政策、信息安全、密码学、分布式系统经济学、智能电力分配、关键基础设施等专业，跨学科色彩十分浓厚。又如佛蒙特大学环境外交和安全研究所的宗旨是研究和运用能解决环境冲突的技术，并以这种生态学方法来缔造和平。由此它设置了三个方向：疆界（Borderland），具体说就是人居疆土依据生态学原则在地缘政治上达到和平；资源评估（Resource value），就是弥缝资源的经济价值与生态价值的断裂，研究、传播和实施足以在最大程度上减少冲突的价值定位；实用和平（Pragmatic peace），就是超越鹰派和鸽派狭隘的和平观，寻找一条切实可行的和平观。2003年成立的南加州大学公共外交研究中心，致力于通过专业培养和全球接触来研究和推行公共外交。其研究计划包括新兴国家软实力、全球青年人与美国公共外交、公共外交评估、公共外交与全球开发，而其对公共外交的分类研究十分细致，包括文化外交、数字外交、全球开发、国际传播、国际交换生、历史与理论、政府公共外交、非政府公共外交、公共观点、国家形象建设等。2005年，身兼多家著名跨国公司市场顾问的艾默里大学教授佳迪士·赦斯博士（Jagdish N. Sheth）和两位知名学者在肯尼绍州立大学建立了印度、中国和美国研究所，希望由此能够更好地分析新兴市场、创新、企业家精神、贸易、投资、包容性增长之间的相互关系，最终探讨这三个国家的相互关系及其对全球的影响。

第二，注重数据库建设。雪城大学国家安全和反恐研究所建立了伊斯兰国家参与的武装冲突和服从数据库（1947—2012年），记载和分析1947年以来伊斯兰国家参与国际武装冲突的历史，探讨这些伊斯兰国家的宪法与伊斯兰教法的契合程度，以及它们遵守国际人道主义法的数据。建立“驯服无人机”数据库以记载美国联邦政府、州政府和地方政府在管制无人机上的政策，还有“具有国际意义的网络事件”“战后研究”“退伍军人研究”的数据库。

第三，力图让学生学习建立标准，确立规范。雪城大学国家安全和反恐研究所专门针对研究生设置了“国家安全和反恐法认证”“安全研究高级认证”“战后重建高级研究认证”等项目，甚至别出心裁地在2010年设置了“恐怖主义和安全分析学生联合会”项目，发行《恐怖主义和安全分析学刊》，来鼓动研究生积极学习相关问题。南加州大学公共外交研究中心则设有公共外交研究生学位。

第四，通过建立全球伙伴关系而实现跨国化。雪城大学国家安全和反恐研究所的“中东安全与伊斯兰”项目是与美国的和平研究所、布鲁金斯学会塞班中东政策中心、德国的阿登纳研究所、意大利的犯罪学高等研究国际中心、以色列的反恐研究所、沙特的费萨尔国王伊斯兰研究中心等联合开展的。南加州大学公共外交研究中心在全球建立了强大的伙伴关系网络，比如美国国务院、美国公共外交顾问委员会、和平研究所、太平洋国际政策理事会，乃至非盟、英国广播公司、大不列颠理事会、荷兰国际关系研究所、联合国基金会、数字外交集团等，涵盖政府、智库、媒体、国际组织、私人基金会、国际交换生组织等多家机构。2008年，美国国务院授予它“本杰明·富兰克林公共外交奖”以表彰它在公共外交领域的教学和研究方面取得的成就。

第五，依据自身特点制定适宜的活动方案。比如佛蒙特大学环境外交和安全研究所实施了4个实践导向的项目：个案诊断概略，就是采取个案研究的方式研究那些防止冲突达致和平的案例，比如厄瓜多尔和秘鲁两国在争议地区建立和平公园。参与式行动研究，就是同诸多相关产业的行为体结成伙伴关系，研究特殊问题。经验学习，比如在印巴冲突地区探索执行《拉姆萨尔国际湿地协议》来化解冲突。测量调停，就是组建生态外交协会，开发环境外交与安全的模块和软件，辅以已有的调停专家网络和地区性组织，来阻止国际冲突。它发布的报告中，涉及索马里、博茨瓦纳、中美洲、苏格兰、美加渔业指标等，将学术研究和实地调研很好地结合起来。现实中，它获得多项美国国家科学基金会基金项目。又如肯尼绍州立大学印度、中国和美国研究所为了从三个角度学习知识，它开设了“知识伙伴”“知识生产”“知识储存”和“知识分享”4个项目来进行研究，从事游说。在实践上，它还设立了商业理事会、研究中心和学术中心三个机构来同商界、政界和学界进行交流和互动。

第六，发行刊物，开设博客。雪城大学国家安全和反恐研究所发行刊物《国家安全法与政策》，南加州大学公共外交研究中心发行杂志《公共外交》，而肯尼绍州立大学印度、中国和美国研究所发行刊物《新兴市场新知识学刊》。它们证明了“对外政策的专业性媒介随时间的流逝已经拓展并更加多样化”[①]。这些智库都有博客，比如中印网络博客。

五、其他国际问题类新型智库的开拓创新

资深议员建立的新型智库，一般都是弘扬议员的政治主张，因此其研究能力相对较弱，而教育、论坛、倡议等才是其发挥影响的方式。这种方式在隆·保罗和平与繁荣研究所中表现得最为直接。隆·保罗认为，美国经历了阿富汗战争和伊拉克战争，结果得不偿失，因此美国必须拥护和平主义的外交政策，唯此才能实现繁荣。为了宣扬这种理念，它设置了“和平与繁荣夏季学校”项目，招收政治学、国际关系、新闻学及其相关专业的学生进行培训。而卢佳中心在这方面更进一步。卢佳在美国政界广孚人望，时任国务卿克里、总统奥巴马对他礼敬有加。其研究议题之一是倡导用基因工程来解决全球的食品安全问题；之二是与核威胁计划（Nuclear Threat Initiative）联合建

①杰里尔·A.罗赛蒂.美国对外政策的政治学[M].周启朋，傅耀祖，等译.北京：世界知识出版社，2005:510.

立了“军用材料研究小组”，倡导大规模杀伤性武器的不扩散；之三是跨大西洋能源行动项目，它与其他美国17家智库成为欧盟驻美国大使发动的“跨大西洋研究和辩论”项目的获得者，研究美国和欧洲的能源与经济合作。其特点在于与众多智库或机构结成伙伴，其明确标明的“全球伙伴”有印第安纳大学、印第安纳波利斯大学、乔治敦大学、美国日耳曼马歇尔基金会和战略与国际问题研究中心，比如它在美国日耳曼马歇尔基金会设立卢佳外交研究所，召集美国驻外大使和国会议员就专门问题进行讨论。不过，麦凯恩研究所让前两个同行瞠乎其后，因为它多管齐下、全面发力，展示了麦凯恩“烈士暮年壮心不已”的雄心。其特点如下：第一，旗帜鲜明地表明要发扬那些激励麦凯恩及其家族的价值观，做一个实干型智库，着力提高基于安全、经济机会、自由和人的尊严之上的、富有个性的全球领导力。第二，通过“辩论和决策”“对话领导人”和“决策舞台”，尤其是每年春天的“瑟冬那论坛”，为决策者答疑解惑。比如2014年其辩论的题目有《中国：接触战略依然有效吗?》《普京的俄罗斯：是时候加以遏制了吗?》等。又如2015年4月6日，美国新防长阿仕顿·卡特参加“对话领导人”项目就“亚太再平衡战略”的下一阶段的问题发表演讲。第三，将培养下一代美国领导人作为工作的重中之重，特意设立“下一代领导人”项目，来确认、帮助和培养年轻一代的精英。可以说，麦凯恩研究所做得有声有色。然而，核安全计划是萨姆·努恩服务于核威胁计划的辅助机构，更多是借助基辛格等人的威望来扩大影响。

采用新型方式来发挥影响的智库，表明了新时期美国智库在运作方式上的分化与专一。如国际海洋安全中心，以诸多美国现役海军和海军陆战队高阶官员为基础，一方面在国内外建立大量分部，同时与英国、法国、德国、瑞士、波兰、加拿大、澳大利亚等国涉及海上作战或海洋战略的智库建立伙伴关系；另一方面在每年特定的一周或月份就某个特殊议题召开专门会议，在最大程度集思广益的基础上形成共识，提供方案。哈利法克斯论坛的总部在华盛顿特区，其宗旨是通过强化民主国家之间的合作来解决世界上最迫切的安全问题。自2009年以来，每年在加拿大的诺瓦斯克提亚省的哈利法克斯市举行年度国家安全论坛，号称国际安全学界的“达沃斯论坛”，是北美大陆唯一的国际关系论坛。自2011年起由加拿大国防部资助。美国政府很重视这个论坛，多位防长在此宣布新的战略或政策，如2013年时任防长查克·哈格尔在此宣布了美国新版的北极战略。哈利法克斯论坛成功的秘诀在于拥有一个140人左右的庞大网络。执着在媒体宣传上教育公众的盖特斯通基金会，则将其网页设置为土耳其语、荷兰语、葡萄牙语、印尼语、意大利语、德语、丹麦语、波兰语等多种语言。而“解决国际冲突”则宣扬要发动草根来控制国际冲突，要求志愿者通过录像、电影、网络和广播等手段来实施行动。但从其网站信息来看，2010年后它就难以为继了。

研究气候的三家智库，总体上都产生了非常大的影响。如气候战略中心近年来推动了中国的低碳发展规划，还参与了联合国、欧盟、乌克兰、菲律宾、墨西哥、刚果民主共和国、波多黎各等国家和组织的气候应对政策制定。气候与能源方案中心的研究能力十分强大，既跟踪分析美国联邦政府及州政府和地方政府的气候与能源方面的政策，也探讨新技术的研发所导致的能源格局变迁，同时也分析科学技术对国家安全、气候变化测量的影响，还探究气候和能源的商业利益，最可贵的是制定了一系列的“倡议”方案来开展活动。气候与安全中心因为其董事会由诸多退役海军和海军陆战队高级军官组成，所以其研究视角侧重从安全角度考察气候变化，比如其发布的报告《叙利亚难民与气候变化：简化和低估其联系的风险》都是眼光独到之作。与这三家气候类智库相比，研究能源与安全的全球安全分析研究所联合美国政府、军方、学界和公司组建了“美国能源安全理事会”，呼吁减少对石油的依赖；还有自2012年起在北京每年召开“全球能源安全论坛”，这在国际舞台上彰显力量。它还发动了“灵活选择”和“保证美国自由行动”两个倡议以保证美国的能源安全，建立了“技术、稀有资源和电子资源中心”，同时发行

《能源安全学刊》。

由“9·11”事件催生的关于美国种族关系的智库中，社会政策与理解研究所在国内层面设立了“伊斯兰恐惧症：威胁所有研究”中心，分析美国五十个州在“9·11”事件后通过的旨在隔离、疏远伊斯兰公民的立法；在国外层面，它与英国的大不列颠理事会合作建立了“西方的穆斯林”中心，从语言、文明等角度澄清正统穆斯林爱好和平。另外，它还专门设立了“在‘9·11’事件后的世界里领航”中心，发布“9·11”事件系列报告，研究塔利班等极端伊斯兰恐怖组织，探讨基地组织之后恐怖主义的叙事方式。总体来看，其发展势头欣欣向荣。与之相反，国家政策研究所的目光一直局限在美国国内，甚至试图否定“肯定性行动”，重新树立白人在美国的支配性地位，结果却“曲高和寡”。

而综合类智库21世纪的研究项目，则因为研究议题过于宏阔，而其网站建设又不成熟，因此相对于其同类智库美国进步中心来说，它还是处于成长期。

综上所述，可以看出美国新型智库因为类型的不同而采取了不同的发展路径，具体情况见表4–2。

表4–2　美国国际问题类新型智库的六大影响

视距	短期	中期		长期		
维度	政府	舆论	关系网络	国际化	学术	教育
具体方式	提出新概念，设计行动路线，出任政府高官，积极影响国会，讨论外交政策，培训官员	主导媒体，澄清误解，压力集团	公私伙伴关系，研究员项目，专家网络，董事会，赞助商	“二轨”外交，专家网络，建立分支，发动草根，支持反对派，跨国倡议网络	开辟新领域，跨学科研究，数据库建设	学位教育，特殊培训，学科规范，发行刊物
新型智库代表	气候战略中心，亚洲协会政策研究所，麦凯恩研究所	盖特斯通基金会，社会政策与理解研究所	卢佳中心，全球利益中心，肯尼绍州立大学印度、中国和美国研究所	哈利法克斯论坛，国际海洋安全中心，亚洲协会政策研究所	雪城大学国家安全和反恐研究所	南加州大学公共外交研究中心

结 语

美国国务院政策规划室前主任理查德·N.哈斯（Richard N. Haass）曾经对美国智库有过精辟论断：在影响美国外交政策制定的诸多因素中，智库所起的作用最为重要，但也是最不为人所知的[①]。笔者认为，这里面可能包含两层含义：第一，人们对智库本身缺乏清晰的认识；第二，人们对智库如何影响政府决策也缺乏完整的理解。就第一个问题而言，美国智库数量众多，彼此之间差异甚大，不同类型的智库其发展路径和命运大不相同，忽视这种差异而对美国智库一概而论是不可取的。而且，在美国智库这个产业中，优胜劣汰是广泛存在的，有些昙花一现，有些苟延残喘，有些另立门户，有些历久弥坚，可谓千姿百态。就本节研究而言，五家智库运行不善：伊朗政策委员会因为原初构想不切实际，隆·保罗和平与繁荣研究所的活动过于单一，幻想发动草根来解决国际冲突，国家政策研究所一直局限在国内，21世纪研究项目对于综合类智库来说举步维艰。相比之下，高校类智库是最为稳定的。总而言之，对美国智库应该展开基于类型差异化的研究。

美国智库究竟通过哪些途径来影响政府决策？虽然“智库在美国政治决策中处于权力、知识、人才、舆论的枢纽地位”[②]，但是其影响需要划分为长期、中期和短期三个视距。就短期而言，智库可以通过几种方式直接影响政府，比如提出新式概念，担任政府高官，参与国会听证，讨论外交政策，麦凯恩研究所的系列讨论项目和论坛就是最为明显的案例。就中期而言，在媒体上演讲、撰文，都能形成某种舆论，间接对政府决策形成压力，如社会政策与理解研究所则致力于澄清对于穆斯林的误解和恐惧。与此同时，通过建

①HAAS R N.Think Tanks and U.S. Foreign Policy: A Policy-Maker's Perspective[J].U.S. Foreign Policy Agenda,2002(3):5.

②鲁传颖.美国智库在网络安全政策决策机制中的作用及特点[J].现代国际关系,2015(7):42-49.

立公私伙伴关系和跨国专家网络，调动国内外各种行为体，在最大程度上凝聚力量，比如亚洲协会政策研究所。当然，成立董事会、寻找赞助商[①]也是重要的方式。就长期而言，开辟新的学科领域并建立数据库，进行学位教育，确立学科规范，这些影响须从长时段考虑，“从长期上看，大学和思想库培养着未来的决策者并决定着他们整个政治生涯的思维，特别是担任总统的四年或八年期间”[②]。同时一些智库贯通国内外，比如研究气候变化、移民认同和无人机等新问题的智库，意义重大。更重要的是，一些智库已然将国际化作为发展方向，比如国际海洋安全研究中心就在国外建立分支，发动志愿者来进行研究活动。麦克甘博士早在2002年就呼吁美国政府要充分利用全球化来发挥美国智库在知识、信息和能量上的巨大潜能，由国务院牵头其他涉外部门联合智库在全球构建一个跨越地理、政治和学科界限的专家网络[③]。6年后，南加州大学公共外交研究中心正是因为在全球建立的强大伙伴关系网络而获得美国国务院的奖励，正好说明美国政府与智库间的桴鼓相应。归根结底，美国国际问题类新型智库确实长袖善舞，左右逢源，这也足以证明，过去几十年，美国智库在点子市场上的影响越来越大。它们在政治上八面玲珑，在运作上更加成熟，充分调动各种资源与美国成千上万个组织竞争，力图在美国关键性的政策倡议上留下自己的印记[④]。

---

①据《今日美国》2014年3月报道，包括沃尔玛、联邦快运在内的17个公司、基金会和个人向麦凯恩研究所捐款，平均每位不少于10万美元，详见：SCHOUTEN F.High-Powered Interests Fund McCain Institute[N].USA Today，2014-3-28.

②戴维，巴尔塔扎，瓦伊斯.美国对外政策：基础、主体与形成[M].钟震宇，译.北京：社会科学文献出版社，2011：299.

③MCGANN J G.Think Tanks and Transnationalization of Foreign Policy[J].U.S. Foreign Policy Agenda，2002(3)：18.

④ABELSON D E.Old World，New World：The Evolution and Influence of Foreign Affairs Think-tanks[J]. International Affairs，2014，90(1)：129.

第二节 践行新保守主义的新型智库“外交政策创议”

自冷战结束以来，信奉“美国例外论”的新保守主义便试图影响美国的外交，力图建立美国治下的和平，并将智库作为发挥影响力的重要舞台。1997年威廉·克里斯托尔（William Kristol）和罗伯特·卡根（Robert Kagan）创立的智库新美国世纪计划就是这股势力的大本营，最终凭借“9·11”事件而成为小布什政府实行先发制人、发动伊拉克战争的推手。随着美国深陷中东和小布什政府转向多边主义，新保守主义逐渐式微，“新美国世纪计划”也于2005年停止运营。但是，此后新保守主义依然伺机影响美国外交决策，2009年即创立智库“外交政策创议”（the Foreign Policy Initiative），希图东山再起。因此，追溯“外交政策创议”的本源，分析其主张和活动，比较其与其他外交类新型智库的异同，对于了解新时期的美国外交政策大有裨益[①]。

---

①中国学者对新保守主义的研究比较充分，见吴雪.美国“新保守主义”研究状况评述[J].外交评论(外交学院学报)，2006(5):80-85；从智库角度研究新美国世纪计划的，见陶文钊.“新美国世纪计划”与伊拉克战争——美国思想库与冷战后美国外交政策的一个实证考察[J].和平与发展，2012(6):6-11；从政治决策角度分析的，见韩召颖，宋晓丽.美国发动伊拉克战争的决策探析——小集团理论思维的视角[J].外交评论，2013，30(2):62-77；中美两国之外对新美国世纪计划的深入研究，见挪威奥斯陆大学艾达·维阿的硕士论文，VAA I S.Project for the New American Century: How one Think Tank May Influence American Foreign Policy[D].The University of Oslo，2005.

一、“新美国世纪计划”的兴衰

新保守主义兴起于20世纪60年代的美国，它既延续了传统保守主义尊重私有财产、平衡预算、有限福利政府等理念，也融合了自由主义信奉自由市场和个人主义的思想，在国内政治上试图剔除“道德溃疡”，在国际政治上呼吁要调整外交和国防政策来应对重大威胁。1979年，威廉·克里斯托尔的父亲、新保守主义“教父”欧文·克里斯托首次使用“新保守主义”一词。随着冷战终结和苏联解体，新保守主义认为美国有必要确立在全球的领导权，以此来消除那些桀骜不驯的国家从而让世界恢复安定，进而保证美国的利益和价值观轴流于世界。在他们看来，美国外交政策的目标就是通过实施军事和经济控制将美国打造成为一个“友善的全球霸权”，从而让世界恢复正常秩序。

新保守主义对美国国防和外交的影响，最早见于1992年时任助理国防部部长保罗·沃尔福威茨起草的《国防规划指南》（*Defense Planning Guidance*）。其中，他宣称美国在冷战后的军事和政治战略的首要目标是阻止其他强大对手的出现，其方式就是要阻止一个国家占有某个地区的资源以成为能够抗衡美国的全球性强国，这包括接近至关重要的原材料，比如波斯湾石油、大规模杀伤性武器和弹道导弹。他也指出，未来恐怖主义或者地区性冲突都会伤害美国民众。尤其值得注意的是，他说美国在集体行动无望的情况下可以单独采取行动。由于这份绝密文件后来被新闻媒体所爆料，所以老布什总统不得不放弃，但是这份文件奠定了新保守主义的腔调。

由于经济上的失利，老布什在1992年竞选中败给了新锐克林顿，但是其基本班底则依然活跃，这些人与里根政府的诸多政客互通声气，再加上一些知名政治学者的加盟，他们逐渐形成一个团体，这其中包括老布什总统时期的国防部部长理查德·切尼、助理国防部部长保罗·沃尔福威茨，里根总统时期的副国防部部长理查德·阿米蒂奇和理查德·佩勒，福特总统时期的国防部部长唐纳德·拉姆斯菲尔德和知名政治学家弗朗西斯·福山、艾略特·科恩等。他们联合起来鼓动威廉·克里斯托尔和罗伯特·卡根于1997年春创立了“新美国世纪计划”，并于6月3日集体签署了著名的“原则申明”(Statements of Principles)。其核心主张是四个“需要”：假如美国要履行自己的全球责任和改革武装力量，那么美国就需要显著增加国防开支；美国需要加强对民主盟国的联系，颠覆那些敌视美国利益和原则的国家；美国需要在海外拓展政治和经济自由；美国需要承担保护和扩展国际秩序的责任，这个国际秩序对美国的安全、富饶和原则至关重要。此后，新美国世纪计划便积极活动，试图影响克林顿政府的外交决策，其中最典型的事件就是1998年1月16日，唐纳德·拉姆斯菲尔德、保罗·沃尔福威茨和佐利克三人联名写信给克林顿总统，敦促他推翻萨达姆政权。但克林顿政府视若无睹，不予采纳。于是2000年9月，在总统竞选正酣之计，新美国世纪计划发布了一份长达76页的报告《重建美国的国防：面向新世界的战略、力量和资源》，延续了1992年保罗·沃尔福威茨《国防规划指南》的精神，声称美国是世界大国，建议美国政府应竭尽全力保存和扩大这个优势。报告为美国军方设定了四个核心使命：保卫美国本土安全，同时开展和赢得几场大规模战争，塑造关键地区的安全环境，利用新军事技术革命来改革美国军队；在此基础上，建议美国增加国防开支以重建军事力量，维持核优势，维持对空间和网络等“全球公域”的军事控制。报告也意味深长地预测，除非再度发生珍珠港事件似的灾难性事故，否则美国政府是不会认同新美国世纪计划的主张的。

这个预言不幸被言中，“9·11”事件迅速改变了美国的内政外交，小布什总统迅速将新美国世纪计划的诸多人物囊入内阁，安排重要岗位，如唐纳德·拉姆斯菲尔德和保罗·沃尔福威茨分别任正副国防部部长，迪克·切尼任副总统，彼得·罗德曼和理查德·阿米蒂奇任副国务卿，宝拉·杜布然斯基任负责全球事务的助理国务卿，约翰·博尔顿任负责军控和国际安全事务的助理国务卿，艾略特·亚伯拉姆任总统特别助理。由于国防部的关键职位几近被“新美国世纪计划”成员占据，所以也不难理解2001年9月30日美国国防部发布的《四年防务评论》直接承继了《重建美国的国防》的精神，它要求美国“维持在关键领域的军事优势，同时锻造新的军事优势，杜绝对手的非对称作战优势”“改革美国的军事力量、能力和制度以便将美国的非对称优势延伸到未来”。更重要的是，其核心词汇“先发制人”直接取材于《重建美国的国防》。最终，小布什政府在证据不足的情况下，发动了伊拉克和阿富汗战争。

只不过随后的事实证明，萨达姆确实与基地组织和塔利班无涉，而且并没有大规模杀伤性武器，尤其是两场中东战争耗费了大量开支，新美国世纪计划逐渐失势，颜面尽失。更重要的是，从一开始新美国世纪计划的定位就是一个“倡议型”（Advocacy）智库，而非对外关系委员会、战略与国际问题研究中心那样兼顾学术研究和对策研究的传统型智库，所以在其政治目的达到之后，它也就不再开展广泛的活动，2005年后即陷入沉寂。

二、“外交政策创议”的研究布局和特色

在成功影响小布什政府国防和外交之后，新美国世纪计划的一些年轻成员依然希望能够影响下一届政府的外交，因此他们曾成为2008年麦凯恩竞选团队的骨干成员，也曾积极参与2012年罗姆尼的总统竞选活动。在2008年麦凯恩败局已定的时候，威廉·克里斯托尔就已经打定主意要成立一个新型智库，试图复制当年新美国世纪计划的辉煌。因此，“外交政策创议”也被称为新美国世纪计划的2.0版①。值得一提的是，2009年10月，威廉·克里斯托尔

①CORLEY M.Kristol Launches Project for A New America’s Project 2.0: Foreign Policy Initiative [DB/OL].(2009-03-26)[2018-05-10].http://thinkprogress.org/politics/2009/03/26/37087/kristol-kagan-fpi/?mobile=nc.

和迪克·切尼的大女儿伊丽莎白·切尼等人创立了“保持美国安全”（Keep America Safe）组织，以作为外交政策创议的辅助结构。该机构攻击奥巴马政府对恐怖主义仅仅采取了法律实施态度，同时也污蔑中国为“专制国家”，其意是要鼓动奥巴马当局回到里根主义那种重视军备大搞“冷战”的老路上。

首先，外交政策创议为新美国世纪计划洗刷罪名，“战略扩张不是问题，而战略撤退更不是解决办法”，一方面极力粉饰当年以“莫须有”的罪名攻伐伊拉克的粗暴做法，另一方面又全力贬低奥巴马当局的外交努力，竭尽全力为自己寻找安身立命的理由。其次，为了避免当年“美国领导既有益于美国人民也将赐福于世界”那样狂热的口号，外交政策创议更多是强调美国外交面临的新的“威胁”，比如，践踏人民主权的专制国家，那些狼狈为奸共同损害美国利益和原则的流氓国家，以及那些妄图对美国发动恐怖袭击和企图获取大规模杀伤性武器的国家，还有那些滋生恐怖主义和引发地区动荡的失败国家。外交政策创议设立了五个工作重点：提升美国在外交、经济和军事上同世界的接触，反对任何走向孤立主义的政策；强力支持美国的民主盟友，反对那些威胁美国利益的流氓国家；支持美国扩展政治和经济自由，保护那些被其政府肆意践踏的人民的人权；保证充足的国防预算来确保美国足以应对21世纪的威胁；在全球经济大变革中将国际经济接触作为美国外交政策的核心内容。相应地，外交政策创议设立了多个研究议题：美国领导权、非洲、美洲、亚太、国防、欧洲、中东、反恐战。

在外交政策创议的4名董事中，除了威廉·克里斯托尔和罗伯特·卡根之外，埃里克·恩德曼此前在国防部、国务院和白宫都有过高阶任职，丹·森尔是投资银行家，曾任小布什政府伊拉克战争发言人，也曾担任罗姆尼竞选总统的外交顾问。12名研究人员中，真正成名的学者很少，基本上都是富有经验的工作人员。行政总监克里斯托弗·吉芬（Christopher Griffin）曾在美国企业研究所工作，专长于美国对亚太的外交和防务政策，此后任参议院军事委员会成员约瑟夫·李伯曼的军事顾问。艾伦·波克（Ellen Bork）曾在参议院外交关系委员会和国务院西半球事务局任职，此后在自由之家工作，指导那些援助世界上持不同政见者和政治活动家的项目。克里斯纳·奥尼（Kristina Olney）出自美国国际宗教自由委员会，后在众议院外交关系委员会工作。罗伯特·扎拉特（Robert Zarate）出自不扩散政策教育中心，后来跻身众议院外交关系委员会恐怖主义、不扩散和贸易小组委员会，曾参与战略与国际研究中心组织的中美核不扩散工作组，访问北京并参与了2013年5月份的最终报告的撰写。这种人事布局深植于该智库的“倡议”型智库定位。

外交政策创议最大的特点是其3个项目：“国会学者”项目、“未来领导人”项目和“纽约领导人”项目，其目的在于在各个层面上扩展影响力，并培育对其具有深刻认同的潜在资源。“国会学者”项目的宗旨是“教育下一代外交决策者”，要求申请者首先要认同其基本主张，众议院申请者最低要有立法助手履历，参议院申请者最低要有立法通讯员资历，最好具有外交和国防方面立法的经验。项目组成员会在每年6月5日—8月21日接受一周一次的培训，接受外交和国防方面的专家学者、前政府高官、著名企业高官等的培训，还能与“未来领导人”项目中的青年才俊互动。或许出于保密的需要，其网页上并未公布之前参与此项目人员的具体情况，因此也难以了解此项目的效果。相比之下，“未来领导人”项目则开展得如火如荼。该项目的目的是“培养”（Cultivate）下一代外交决策者，申请者需要认同其基本主张，年龄在25—35岁之间，有本科以上学历，在政府、军方、媒体、非营利或者私人部门等机构有3年以上工作经验。申请成功后，会在每年9月至来年6月参与“外交政策创议”举办的各种活动。从其公开的信息来看，该项目在刚开始的3年内招收了64名成员，其中来自美国企业研究所、遗产基金会、新美国安全中心、对外关系委员会等智库的学者近10人，来自国会的有8人，来自国防部和海军、空军陆战队的士官有6人，来自国务院、本土安全部的官员有3人，来自澳大利亚、以色列等国的使节有3人，来自媒体的有5人。为了左右纽约本地的舆论，它还发动了“纽约领导人”项目，招收来自纽约州各界的青年才俊。首批34人，涵盖各个领域，包括联合国工作人员、《外交事务》的编辑和耶鲁法学院的学生。

三、“外交政策创议”的主要观点与活动

外交政策创议对美国及国际政治的看法，可以从其《2013年简报书》[①]中看出大概。第一，它依然迷恋“美国例外论”，鼓噪美国的全球领导权，宣称美国依旧是世界上不可替代的国家，对全球和平、安全和稳定至关重要。美国基于普世性的自由观，在世界历史上占有特殊位置。美国不能背弃自己的国际承诺，不能抛弃曾经一道击败法西斯主义和共产主义的盟友，也不能漠视有助于促进自由和强化安全的新友邦。即便美国目前面临经济困难，但美国也需要发展一个新蓝图和实施新政策，以实现美国强大且持久的全球领导权。美国必须更加广泛深入地融入世界，支持民主联盟，反对那些威胁美国利益和敌视自由的国家。第二，奥巴马当局的“亚太再平衡”战略必须让亚太盟友确信美国有能力维持亚太地区的安全，美国依然主导着亚太地区的安全态势，美国国防开支锐减不会削弱美国海军和空军在亚太地区的兵力，美国应该联手印度来解决一系列战略问题。第三，在国防上，一是认为美国军方在军力和需求之间的差距越来越大，指责当前美军是为了维持和保护全球安全而建设的，而不是高瞻远瞩地要保证美国免于21世纪新的全球威胁，呼吁关心国防的人士团结起来反对削减巨额国防开支。二是鼓吹美国加大导弹防卫的进度，来保卫美国本土安全及盟友的安全。第四，它将侵略矛头指向了叙利亚和伊朗，公然宣称“阿萨德独裁政权是美国危险的敌人”。其证据是：阿萨德政权支持中东地区的恐怖主义组织，扰乱周边国家，在朝鲜的帮助下秘密发展核武器，帮助外国军人杀死伊拉克战场上的美国及其盟军的士

①FPI.Foreign Policy 2013，January 2013[DB/OL].(2013-01)[2018-05-10]. http://www.foreignpolicyi.org/foreignpolicy2013.

兵，是伊朗的帮凶。为此，它建议美国联合欧洲盟国、土耳其和其他地区盟国在北叙利亚建立一个禁飞区，对叙利亚反对派进行整合、培训，装备高级武器，灌输美国价值观。这显然是其当年推翻伊拉克萨达姆政权图谋的故伎重演。它对伊朗的指责是：支持恐怖主义，试图研发核武器，践踏人权，因此鼓励美国政府要支持伊朗的民主反对派，加大阻止伊朗获取核武器的力度。总体上，外交政策创议是竭尽全力按照民主自由的价值观鼓动美国来改造世界，这不但体现在要求美国支持俄罗斯境内民主共和国的独立和主权运动，也表现在扶持缅甸反对派上。在外交原则上，鼓动美国再次采取单边主义，抛开中国、俄罗斯等国家单独行动。

外交政策创议发挥影响的方式有三种：

第一是举行各种规模的讨论会，其中以年度论坛最为重要。表4–3就显示了其2010—2012年三年来的年度论坛内容。可以看出，积极影响国会是其活动的一大指向。所谓“同声相应，同类相求”，参与外交政策创议的国会议员都是持保守主义理念的共和党，同时也是国会重要委员会的主席或成员。约翰·麦凯恩自不待言，而林德赛·格哈姆就支持干涉主义外交政策，反对削减国防开支，反对奥巴马从阿富汗撤军。兰迪·福博斯是众议院军事委员会成员，推崇在国际上搞“文化战”，认为美国是一个信奉犹太—基督教的国家，圣经即是上帝的口谕，宗教是美国司法和社会结构中不可分割的一部分。马克·卢比是参议员外交关系委员会和特设情报委员会成员，信奉“美国例外论”。布克·麦孔是众议院军事委员会主席，反对削减国防开支。而乔·凯乐和约瑟夫·李伯曼更是纵横国会多年的资深共和党议员了，亚当·金辛尔和汤姆·科顿则是刚从中东战场归来的70后新生代议员。另一个指向就是鼓动一些国家的持不同政见者搞民主化运动，比如俄罗斯、朝鲜和缅甸。

表4-3　外交政策创议2010—2012年度论坛

论坛主题及时间	具体论题及活动
伟大的代价：美国外交的未来四年（2012年11月27日）	国会领导权与国家安全：威廉·克里斯托尔访谈参议员乔·凯乐
	聚焦亚洲——盟友和友邦的视角：众议员兰迪·福博斯访谈澳大利亚大使金·比兹利、印度大使拉奥琪和菲律宾副总参谋长玛利亚·奥地利
	在叙利亚无所作为的后果：罗伯特·卡根访谈参议员约翰·麦凯恩和法国记者伯纳德·李维
	映射与注入——国会外交政策的过去和外来：参议员克里·安岳特对话参议员约瑟夫·李伯曼
	美国在提升民主和人权中的角色：列格坦研究所克里斯坦·卡勒对话朝鲜脱北者申东赫
	从前线到国会——对话未来国家安全领导人：丹·森尔访谈众议员亚当·金辛尔和汤姆·科顿
在拮据时代践行美国的领导责任（2011年12月13日）	恢复美国的领导权：丹·森尔对话参议员马克·卢比
	不确定时代的领导责任：罗伯特·卡根对话前明尼苏达州州长提姆·帕伦锑
	国防、军事的未来和美国在世界中的角色：威廉·克里斯托尔访谈参议员克里·安岳特
	美国政府提供了我们所需要的外交政策吗：罗伯特·卡根对话参议员林德赛·格哈姆
	赢得反恐战：国家公共电台汤姆·杰特访谈众议员麦克·罗杰
	通往阿富汗胜利之路：埃里克·恩德曼对话参议员马克·科克和众议员亚当·金辛尔
	奥巴马政府“亚太再平衡”：罗伯特·卡根对话副国务卿库尔特·坎贝尔
	国防扣押和国家安全：罗伯特·卡根对话参议员约翰·麦凯恩
恢复美国在民主化世界的领导权（2010年11月15—16日）	高潮之后：美国在阿富汗和巴基斯坦的未来之路
	对话参议员约翰·麦凯恩：维持美国在不确定世界的领导权
	对话鲍尔斯·涅姆佐夫：俄罗斯民主化的前景
	对话众议员布克·麦孔：国防领导权——对国会的挑战
	变化中的中东：伊朗、土耳其和中东和平的前景
	第112届国会的外交政策
	对话参议员约瑟夫·李伯曼：伊拉克和阿富汗的最新进展
	为持不同政见者发声：解密为民主和人权斗争的内幕
	对话西班牙前总统阿斯纳尔：西方的挑战
	副国务卿詹姆斯·斯坦伯格演讲

第二是发布各种布告、分析和资料。

第三是直接递呈给总统和国会公开信，这是沿袭了当年新美国世纪计划的惯常伎俩。其中2013年的一封联合公开信是它联合美国企业研究所的卜大年、加里·斯密特和2049计划研究所的薛瑞福组成“亚太安全工作组”，在召开“如何实现亚太再平衡精神”会议后以“保护在亚太的利益和价值”为名递呈给总统和国会，建议当局加强亚太地区的经济融合，强化与盟友和安全伙伴的联系，提高在亚太地区的军事姿态①。

四、新型智库整体兴起图景中的“外交政策创议”

对外交政策创议的评估，应该置于21世纪以来美国军事、外交类智库的整体图景中来审视。据笔者不完全统计，21世纪以来美国共成立了7家国际问题类智库，其成立宗旨、发展路径和活动影响也各具情态。

走传统智库发展路线的是新美国安全中心（Center for A New American Security）和全球发展中心，经过多年的用心经营，已经风生水起，对美国军事和外交产生了切实可见的影响。2007年，国防部前部长助理库尔特·坎贝尔和米歇尔·弗卢努瓦建立了新美国安全中心，至今网罗了35名研究人员，大多具有军方背景。新美国安全中心的第一个特点是具有专一精深的研究成果，其研究项目涵盖22个方向，包括亚太安全、全球公域、能源安全、气候变化、未来军事力量、自然安全、网络安全等，其研究报告一般都是几十页的深度分析。第二个特点就是极富创造性，它首倡“自然安全”概念，还与时俱进地将网络加入“全球公域”理论中，成为美国“亚太再平衡”的主要理论支撑。由于其研究人员在奥巴马第一届内阁中占据6席之多，因此可以说它是新时期对当局外交决策影响最大的新型智库。2001年“9·11”事件之

---

①The Asia-Pacific Strategy Working Group.Securing U.S. Interests and Values in the Asia-Pacific[R].June 4,2013.

后，财政部前副部长、著名经济学家弗雷德·博格斯坦等人创立了全球发展中心，希望通过活跃的学术研究和同决策圈的积极交流，塑造一个富饶、安全、公平的世界。经过全球发展中心近30位成员的努力，该智库发布了数量庞大、质量很高的报告，近年来在促使政府反思美国对外援助政策、调整千禧年挑战账户计划、应对失败国家上做出了独有的贡献[①-②]。在著名智库研究学者詹姆斯·麦克甘博士发布的《2012年全球智库报告和政策建议》中，这两家智库都已跻身美国智库前30名之列[③]。

与外交政策创议历史一样源远流长的是2007年参议员加里·哈特（Gary Hart）创立的美国安全项目（American Security Project）。加里·哈特曾任参议院军事委员会主席，获得1984年民主党总统竞选提名。1998年，他联合参议员沃伦·卢德曼（Warren Rudman）等人组成了“21世纪美国国家安全委员会”，经时任国防部部长威廉·科恩（William Cohen）的许可，对21世纪第一个25年的美国国家安全环境进行评估并提出对策。其最终报告在2001年1月31日公布，第一部分“即将到来的新世界”，第二部分“寻求新的国家安全战略：保存安全和提升自由”，第三部分“国家安全路线图：变革建议”，被视为自1947年《国家安全法》以来最为详尽的国家安全评估报告。其最终建议为：确保美国的本土安全，重振美国在科学和技术上的活力，重组行政部门、人事系统，重新设计国会在外交上的角色。应该说，这份报告提早警告了针对美国本土的恐怖袭击，其重组国家安全部门的建议最终在2002年美国设立国土安全部中得到了实施，即便是带有亡羊补牢的意味。但是这股势力没有竞争过以新美国世纪计划为核心的新保守派，所以至今在加里·哈特置

①曹升生.斯图尔特·帕特里克的失败国家理论研究[J].南通大学学报(社会科学版),2011(3):23-28.

②曹升生.失败国家理论粉饰美国建立非洲司令部[J].南通大学学报(社会科学版),2010(4):71-77.

③MCGANN J.2012 Global Go To Think Tanks Report and Policy Advice[R].University of Pennsylvania, January 24,2013.

于美国安全项目网页上的信件中，认为在“9·11”事件后的5年里，美国漫无目的地行动，缺乏大战略，从未理解如何准确使用美国的军事力量。因此他建立此智库的目的就是制定一个适应21世纪的国家安全蓝图和战略，在国际社会中增加美国的力量，恢复美国的领导权，未雨绸缪，将明日的危机扼杀在初始状态。具体而言就是要解决三个问题：以朝鲜和伊朗拥核为代表的核武器扩散，美国在全世界支持率的全面下降，以气候变化、传染性疾病、大规模移民、大规模杀伤性武器的扩散、国家失败为代表的非传统安全问题。其特色之一是联合美国地球物理协会设立了“科学与国家安全”子项目，其二是发动了“美国安全共识”（The Consensus for American Security）创议，意图是建立一个机制促使更多的军事和国家安全人员，在美国面临的重大战略性国家安全问题上形成长期共识，当前汇聚了64名军政两届精英。总之，由于该智库聚集了众多国防部和国务院前高官，特别强调沟通和共识，连美国国务卿约翰·克里和国防部部长哈格尔都曾任其顾问，总体上显示了一种阳春白雪般的高贵，发挥着“桃李不言，下自成蹊”的影响。

与外交政策创议截然相反的新型智库是2006年由兰迪·比尔斯（Rand Beers）创立的国家安全网络（National Security Network）。兰迪·比尔斯是越战老兵，1988—1998年先后任白宫国家安全委员会反恐、反毒品、维和与情报事务主管，1998—2003年任负责反毒品和法律实施的副国务卿，2002—2003年任小布什总统时期反恐事务特别助理和国家安全委员会反恐事务主管。应该说，他与新保守派同僚都有接触，对小布什总统时期的外交实践感同身受。但是，他创立国家安全网络的动因则是反感小布什总统的粗暴做法、粗疏作风和短视行为，认为其助长了敌人的嚣张气焰，玷污了美国的道德形象，过度使用了美国军事，危害了国民。因此，他呼吁要复活美国外交，倡导将精明外交、有效同盟、践行基本价值观和提高军事力量结合起来，用创新、务实和勇气作为指导原则制定崭新的外交政策。具体而言，他强调未来美国外交要具备如下五个原则：对恐怖主义和敌对国家发动更加理性、猛烈和全面的打击，将危机扼杀在萌芽状态，重建有效的美国领导权，恢复美国的道德权威，尊崇军人。对比之后就会发现，即便他也强调美国的领导权，但是他希望通过重建国际制度、强化各种同盟和伙伴关系来实现，而不是像外交政策创议那样鼓吹抛开中国、俄罗斯再次搞单边主义；即便他也重视美国的道德权威，但是他倡导要真正基于美国的价值观而不是用那种“莫须有”式的弥天大谎来引导世界，要在遵循美国法律的前提下进行反恐战争。但是在活动开展上，由于在其研究人员中仅赫斯·胡尔波特有较好的政府任职经历，再加上兰迪·比尔斯调任本土安全部任部长顾问，所以其比较沉寂。

与外交政策创议运行模式相似的是2001年“9·11”事件后由住房与城市发展部前部长杰克·基普（Jack Kemp）创立的保卫民主基金会（Foundation for Defense of Democracies），该智库信奉三个原则：所有人都拥有基本人权，自由和民主国家有权保卫自己的人权并且相互帮助，不能容忍恐怖主义。现任主席是中央情报局前局长詹姆斯·沃尔西，其领导理事会和董事会中多个情报机关和里根政府的国防部高官，如联邦调查局前局长路易斯·弗奇（Lousi Freeh）和星球大战计划倡导者罗伯特·麦克法兰（Robert McFarlan）。该智库也十分重视对国会的工作，但它做得更为精细，具体分为四个方面：参与国会听证，针对国会迫切需要解决的重大问题展开应急研究，对国会关心的国家安全问题递呈简报，对国会议员提供一对一的专家咨询服务。似乎是模仿外交政策创议的领导人项目，它也发动了国家安全研究员项目，自2011年开始实施，共招收了34名活跃在国家安全领域的青年。它富有特色的地方是发行了《漫长战争期刊》，用以追踪全球反恐战争的新进展。它与外交政策创议有很强的联系，威廉·克里斯托尔就是其董事会成员。

结　语

以威廉·克里斯托尔为核心的新保守派，并不为当年悍然发动伊拉克战争这样一个美国自二战以来经济损失最为惨重的战争而追悔，反而痴心不改，放弃“新美国世纪计划”而新创“外交政策创议”，图谋通过影响总统选举和国会决策而东山再起。它既不像新美国安全中心和全球发展中心那样采用更为精巧隐蔽的“全球公域”“失败国家理论”来粉饰包装，也不像国家安全网络和美国安全项目那样对“9·11”事件以来的美国外交进行积极的反思，而是依然呼吁美国当局实行单边主义外交，提高人权外交的力度，显示了一种胶柱鼓瑟般的冥顽不化。它没有看到它当年所鼓动的伊拉克战争已然将美国推入停滞的轨道，也没有意识到要阻挡政府削减国防开支无异于螳臂当车。奥巴马政府一上台就开始实行巧实力战略，到第二任上更是加大无人机等特种战争的份额，换言之，美国在力量下降的大背景下采取“轻度介入”战略①是大势所趋。

因此，外交政策创议所代表的新保守派其实扮演着奥巴马政府外交政策的批判者角色。中国社会科学院美国研究所资深美国外交问题专家周琪就这样一针见血地评价新保守主义：“奥巴马的反对者，尤其是新保守主义者，把他的外交政策描述为软弱的、天真的、无力的、无决心的、苟安的、无骨气的。那些新保守主义者在 2006 年之后，由于布什政府的人事和政策调整，已经在政治上逐渐被边缘化。民主党在大选中的胜利，更宣判了新保守主义对美国政府影响的终结。但是新保守主义者并不甘心受到冷落，他们亟希望能够通过发现和抓住奥巴马总统在公共政策上的错误来打击他和民主党，使新保守主义东山再起、共和党人重返政坛。这些人虽然在美国政治中人数不

①LUJUN F M.Light Footprint: the Future of American Military Intervention[R].Center for A New American Security, March 2013.

多，但能量却非常巨大，在各种报纸杂志上发出最大批评之声的就是他们。①”

总而言之，外交政策创议的意义在于，它表明了新保守主义的顽固与执着，即便在野，也借助智库这个重要平台来开展形式多样的活动，来左右国会决策，“教育”国家安全领域的有为青年，鼓动针对中国、俄罗斯、缅甸的人权运动，鼓噪当局更大程度上介入世界事务。通而观之，新保守派一方面假手智库外交政策创议、美国企业研究所来发挥影响，另一方面又通过媒体《旗帜周刊》来左右舆论，还创立了“保证美国安全”这样的街头组织，多管齐下，左提右挈，平常时期对当局决策形成压力，总统选举时期则全力以赴试图当轴处中。一言以蔽之，这是一股涌动的暗流，一旦风云际会，则可能成为滔天巨浪。

---

①周琪.“奥巴马主义”及其在国内外的制约[J].国际经济评论,2010(3):77.

第五章

英、美国际问题类新型智库的比较

第一节　美国国际问题类新型智库的影响力

随着21世纪美国内外安全形势的变化，美国涌现了众多的国际问题类新型智库，它们在汲取老智库传统发展路径的经验之外，在选题上专注某一新兴领域，在活动上另辟蹊径，充分借助网络来开展活动，总体上显示了美国新型智库锐意进取各显神通的气象。本节即选取13家美国国际问题类新型智库①，观察它们的成长路径，剖析其发展方略的异同，从而探析美国新时期智库发展的轨迹②。

---

①笔者依据多年研究，结合维基"美国的外交政策和战略智库"(https://en.wikipedia.org/wiki/Category:Foreign_policy_and_strategy_think_tanks_in_the_United_States)，以2000年为时间界点，选定了这13家新型智库。第一个选定标准是智库关注的问题与美国21世纪国家安全挑战的关联度，这样就排除了国家效能研究所之类的智库；第二个选定标准是独立性，这样就排除了那些依托大学成立的国际问题类新型智库(如南加州大学公共外交研究中心和麦凯恩研究所)；第三个选定标准是研究或活动的专一性，因此排除了那些包含国际问题研究的综合类新型智库(如美国进步中心)。

②美国研究智库的著名学者外交政策研究所的高级研究员麦克甘博士，每年所发布的全球智库报告，关注的是美国前30名的智库，由于新型智库成立一般都不到10年，所以很多智库没有进入麦克甘博士的视野，本文中所列举的13家智库仅有新美国安全中心和全球发展中心榜上有名。国内学者所关注的美国新型智库，也是"主要的思想库"，参见：魏红霞.美国的新思想库[J].美国研究，2010，24(4)：107-126.

一、美国国际问题类新型智库的六大类型

从成立缘由来说，21世纪出现的美国新型智库，基本上都是新时期国际局势和国内政治变动所促成的。从发展动力而言，除了“9·11”事件前由前资深参议员萨姆·努恩成立的核威胁计划外，其他12家智库都与“9·11”事件有着千丝万缕的联系，大体上可以分为以下六类。

第一类是“9·11”事件后直接成立的智库，比如2001年由财政部前部长弗雷德·伯格斯坦（Fred Bergsten）等人建立的全球发展中心，其宗旨就是研究发达国家对发展中国家的援助效果以及发展中国家如何利用全球化，从而促使全球共同迈向富饶和平之路，从根源上剔除恐怖主义。与理想主义色彩较浓的全球发展中心相比，2001年由住房与发展部前部长杰克·基普所建立的保卫民主基金会则很现实、犀利。它的口号就是“打击恐怖主义，保卫民主”，其现任主席是中央情报局前局长詹姆斯·沃尔西，因此也不难理解其中多有情报部门出身的职员，其研究内容前期集中于中东的反恐，后来转向在中东推广民主。

第二类是服务于“9·11”事件后美国在中东的战争的智库，其中最明显的就是兵法研究所（Institute for the Study of War）。因为痛感美国在伊拉克战场没法掌握准确及时的情报，所以军事史家、前耶鲁大学教授金伯利·卡根（Kimberly Kagan）愤然于2007年创立兵法研究所，网罗了一批曾在中东战场作战的情报官或战士，开始了为美军提供中东战场军情的努力。为了获取一线的情报，金伯利·卡根甚至奔赴中东，2010—2011年在叙利亚等国实地调研了20个月。它配有针对伊拉克和阿富汗的各个省份或重要地区的军事地图，详细说明了其地形地貌、关隘要道、种群分布、敌军布防。它每隔几天就发布一份《叙利亚形势报告》《伊拉克形势报告》和《乌克兰危机更新报告》。实际上，美国在中东、西亚的许多战区的司令部长官就是它的座上宾，

经常参加其活动。与服务正面战场相辅相成的是2006年成立的中东民主项目（Project of Middle East Democracy），它宣称民主是人类不可剥夺的权利，在中东推广民主符合美国的长期利益。自2011年来它每年都开设“促进中东民主：工具与战略”课程，延请美国全国民主基金会、国际开发署等机构的人员开设课程来培训中东国家的反对派。另外，它还与中东许多国家的非政府组织结成伙伴关系，“里应外合”地试图改变中东国家内政。

美国自“9·11”事件后深陷中东战场，美国内部对于反恐战争以及以反恐为重心的国家安全战略进行了深思，间或发生了激烈的辩论。下面几个类型都是围绕这个问题展开的。

第三类是从纵横方面批判美国反恐战略的智库。其一是2004年由美国著名反恐问题专家阿里斯泰尔·米勒（Alistair Millar）建立的全球合作安全中心（Global Center on Cooperative Security），其前身是基金会第四自由论坛（The Fourth Freedom Forum）下属的全球反恐合作中心项目。鉴于美国反恐需要更大范围的国际合作和整体规划，所以阿里斯泰尔·米勒才将其推陈出新。它呼吁各国政府、国际组织和市民社会精诚合作，通过研究协作、项目设置和能力开发，来应对复杂的国际安全挑战。它在华盛顿特区、纽约、印第安纳州歌珊和英国伦敦均设有办公室，企图打造一个全球安全领域的专家网络。这是对小布什政府早期迷恋单边主义来反恐的纠偏。其二是著名学者雷蒙德·贝克（Ramond Baker）创立的全球金融整合（Global Financial Integrity）。雷蒙德·贝克著有《资本主义的阿喀琉斯之踵》，认为全球范围内的赃钱流转，倘若不加控制，必然会让毒贩、恐怖组织和逃税者中饱私囊进而危害世界。在某种程度上说，这是暗喻美国使用军事手段希望在中东将恐怖分子一网打尽是不切现实的，本质上是对美国反恐战略的补苴罅漏。保卫民主基金会也建立了制裁和非法金融中心（Center for Sanctions and Illicit Finance）来研究赃钱问题，说明这个问题必须纳入反恐大战略中。概言之，这两个智库中前者强调摒弃单边主义而重视全球合作，后者呼吁在金融上遏制恐怖主义的滋生源头。

第四类是智库试图重新评估美国的国家安全战略重点，换言之，是将美国的战略重心从反恐转向遏制新兴大国崛起、从中东地区转向亚太地区。这种转型最早体现在2004年由托尔·罗素创立的国际评估和战略中心（International Assessment and Strategic Center）上，由于罗素曾在国防部部长办公室和国家安全委员会工作过，所以该智库宣称它将采用净评估（Net Assessment）方法来评估未来10—20年美国及其盟友面临的安全威胁，认为中国崛起已经对美国利益造成直接威胁。2007年由前助理国防部部长帮办库尔特·坎贝尔（Kurt Campbell）等人创立的新美国安全中心（Center for A New American Security），认为世界权势正向亚太地区转移，明确将其研究的地区分为中东和亚洲。它前几年最大的贡献就是更新“全球公域”（Global Commons）理论，认为外空、低空、海洋和网络是人类公共领域①。而2008年由前负责东亚事务的助理国务卿帮办兰道尔·薛瑞福创立的2049计划研究所，更是直截了当地要鼓励美国外交决策者关注21世纪的亚洲，特别呼吁美国要强化美日同盟以作为美国亚太战略的基石。从这三个智库来看，奥巴马政府推行“亚太再平衡”战略是水到渠成。

第五类是对“9·11”事件后美国国家安全战略进行整体性反思的智库。饶有趣味的是，这种努力发生在2002—2003年担任小布什政府国家安全委员会反恐事务主管的兰迪·比尔斯身上。2006年他创立了国家安全网络，他反感小布什总统的粗暴做法、粗疏作风和短视行为，因此，他呼吁要复活美国外交，倡导将精明外交、有效同盟、践行基本价值观和提高军事力量结合起来，用创新、务实和勇气作为指导原则塑造崭新的外交政策。2007年创立美国安全项目的资深参议员加里·哈特也持相同观点。他认为在“9·11”事件后的5年里，美国漫无目的的行动，缺乏大战略，从未理解如何准确使用美

①王义桅.美国重返亚洲的理论基础：以全球公域论为例[J].国际关系学院学报，2012，30(4)：66-72.

国的军事力量。因此他建立此智库的目的就是制定一个适应21世纪的国家安全蓝图和战略，增加美国的力量，恢复美国在国际社会中的领导权，将明日的危机扼杀在原初状态。为此，他发动了“美国安全共识”创议，希望促使更多的军事和国家安全人员，在美国面临的重大战略性国家安全问题上形成长期共识。

第六类是外交政策创议，它的前身是“9·11”事件后鼓动小布什总统发动阿富汗战争的幕后推手——新保守主义智库新美国世纪计划。1997年，新保守主义代表威廉·克里斯托尔和罗伯特·卡根，联合国防部前部长唐纳德·拉姆斯菲尔德等军方名宿，成立了新美国世纪计划。“9·11”事件后，小布什总统赞赏新美国世纪计划的核心主张，迅速将其中坚人物囊入内阁，最终依据“先发制人”原则发动了战争。可以说，“9·11”事件为新美国世纪计划提供了“登堂入室”的机遇。此后，小布什逐渐转向多边主义，新美国世纪计划也归于沉寂。但威廉·克里斯托尔和罗伯特·卡根不甘寂寞，于2009年又建立了外交政策创议，企图东山再起[①]。

二、美国国际问题类新型智库项目设置的特点

“思想库是构思和策划美国对外政策的主力军”[②]，其间“构思”是指通过深入细致的研究来提出新的观点，促成舆论共识，设计行动路线，最终实现“运筹帷幄”上的洞察先机。可见，研究能力的高低决定了一个智库的成败，而研究能力很大程度上在研究项目的设置上能够得到体现。这些项目的设置，总体上显示了专业性、细致性和实用性三大特点。

专业性就是指新型智库所开列的研究项目或研究议题都是围绕其使命而

①曹升生.践行新保守主义的美国新智库:外交政策创议[J].战略决策研究,2014,5(4):21-33.

②戴维,巴尔塔扎,瓦伊斯.美国对外政策:基础、主体与形成[M].钟震宇,译.北京:社会科学文献出版社,2011:300.

设定的，呈现出集中、专一的特点，显示出自身的兴趣所在和工作重点，这是智库安身立命的基础。比如核威胁计划旗下又设立了世界核安全研究所、核引爆点、核安全项目、核材料安全项目、核材料安全指数、军用材料安全研究小组、中东传染性疾病监测共同体、在欧洲—大西洋地区建立相互安全、地区性疾病监测联络、核安全优先全球对话、国际核燃料银行、高浓缩铀最小化等12个项目，其中有些是特定问题的数据库或者指数系统，有些是特殊议题的倡议网络，有些则是更为专业的研究机构，呈现出多元化、立体式的研究构架，显示出深厚的研究实力和关切现实的情怀。新型智库发行的各种出版物所呈现出来的系统性也是专业性的表现，比如全球金融整合每年都发布一份《全球非法金融流动报告》，几年来以“国家个案报告”的形式发布了墨西哥、印度、俄罗斯、菲律宾、巴西、加纳、肯尼亚、莫桑比克、乌干达等国近几十年来的非法金融流动历史，也曾以特别报告的形式研究了发展中国家、最不发达国家的非法金融流动史实。其研究成果广为联合国、世界银行以及印度等所引用。

细致性是指研究所达到的精微程度，比如全球发展中心的研究议题就多达24个：援助效果，债务减免，融资，金融危机，气候变化，教育，经济增长，透明，贸易，技术，私人投资，区域，贫穷，人口和发展，海外私人投资公司，移民和开发，不平等，国际金融制度，民主和治理，全球化，食品和农业，失败国家，全球卫生政策，货币流动与税收透明。这些议题几乎为发展问题的研究确立了一个模板。又如专门为美军提供中东军事情报的兵法研究所，其出版物分为报告、地图、背景文件及其他4种，按照伊拉克项目、乌克兰项目、阿富汗项目、伊朗项目、中东安全项目、叙利亚项目、土耳其项目、巴基斯坦项目、恐怖网络项目、利比亚项目、海湾国家项目等分门别类。

务实性，首先是指在新型智库的研究中对策研究所占的比重越来越大，而基础性的学术研究减弱，那些主要以策划活动为业的智库更是如此。如中东民主项目就设有“公民社会”项目，凭此挑选中意的中东国家的非政府组织来进行培训，为此它详细解释了这个项目的目的、中东非政府组织的重要性、遴选标准、具体合作方式等。当前它遴选的是中东4个国家（埃及、突尼斯、利比亚和也门）中的7家非政府组织，主要培训他们如何设计、评估与实施民主和治理项目，尤其是指导如何撰写报告，如何从编辑角度润色文稿，以及如何传播这些资料，反言之就是如何获取最大影响力。与此相应，它自2011年起每年春天都举行“支持中东民主：工具和战略”研讨会，邀请美国高官或学者对一些中东国家的相关人士进行系统性的培训。鉴于美国高校缺乏反恐教育系列的教材和教法，保卫民主基金会还特意设立了“大学校园”项目，来帮助高校进行反恐教育。其次，务实性还可以通过新型智库的资金来源看出。比如，兵法研究所接受了9家与国防密切相关的公司的捐助，包括军火商（如通用动力、雷神、诺斯罗普·格鲁曼、CACI）与为军方提供情报和军事分析软件的公司（科学应用国际公司、Palantir）。最后，设置名人项目来扩大社会影响也是体现务实性的一种方式，比如新美国安全中心就自出机杼地设置了“约瑟夫·奈国家安全实习和辅导”项目为青年提供见习机会，同时设立“罗伯特·盖茨和列昂·帕内塔”项目以奖励两党中天赋超群、恪尽职守的后起之秀。

不可否认，这些新型智库都带有一定的政治倾向性，比如亲以色列的保卫民主基金会的项目中就有“国家安全以色列旅行”项目，每年招募一定的社会人员前往以色列，拜会包括以色列总统、总理在内的高官。由此，它还煞有其事地设立“定性军事优势”项目来保证以色列的军事永远优于其周边中东国家，其建立的网站Military Edge中则列有中东几十个国家在飞机、舰炮、坦克等常规武器上的数据统计库。对友邦如此呵护，与对敌人残忍是一致的，其伊朗项目的使命就是“对伊朗的石油、天然气及其石油产业实施能源制裁”，叙利亚项目的使命赫然是“促使叙利亚政权更迭”。它还建立了专门讨论导弹防御计划的项目“佑护美国”（Shield America），并设有专门网站。另外，它还发行专门用于研究反恐的《持久战学刊》(*The Long War Journal*)。与保卫民主基金会亲以色列相同，美国安全项目则设有“埃及战略伙伴关系”以昭示埃及的重要性。

表5-1　21世纪部分美国国际问题类新型智库概况

名称及创立年份	宗旨	规模	主要研究议题或项目	特色或影响
核威胁计划（2001年）	通过减少使用核武器、生物武器和阻止其传播来践行核不扩散条约	34人	核安全项目，核材料安全指数，军用材料安全研究组，国际核燃料银行，地区性疾病监测联合组织等	设有43个国家核武器、生物武器及导弹情况的档案库
全球发展中心（2001年）	从思想到行动：独立研究全球富饶之道	25人	援助效果，移民，教育，全球化，不平等，全球卫生政策，国际金融制度	“失败国家理论”，设有欧洲中心
保卫民主基金会（2001年）	打击恐怖主义，提升民主	23人	伊朗，中东，情报界，基地组织，激进主义，本土恐怖主义	集中于中东、北非，深度卷入叙利亚危机
全球合作安全中心（2004年）	建立更强大的伙伴关系而获得更加安全的世界	21人	多边主义安全政策，反击暴力极端主义，犯罪公平和法制，金融整合和包容性	塑造全球伙伴关系，设有英国中心
国际评估和战略中心（2004年）	分析对美国及其关键盟友的中长期安全威胁	20人	国家安全法和情报政策，亚洲安全和民主项目，恐怖主义、本土安全和政府项目，欧亚沙盘，军事平衡数据库	推动了奥巴马政府“亚太再平衡”战略
中东民主项目（2006年）	美国如何更好地支持中东民主的发展	12人	研究，对话，倡议，市民社会伙伴关系	活跃在中东一线的民主斗士
国家安全网络（2006年）	制定务实且讲究原则的国家安全战略	12人	阿富汗与巴基斯坦，中国，竞争力，伊拉克，伊朗，核安全，恐怖主义与安全	对小布什外交实践的匡正
全球金融整合（2006年）	通过实地研究、政策建议和献言发展中国家政府而促进全球发展和安全	12人	非法金融流动，贸易伪报，洗钱，匿名公司，“税收天堂”，跨国犯罪和恐怖金融	从金融领域来反恐
兵法研究所（2007年）	通过研究、分析和教育来促进对军事的了解	16人	伊拉克，阿富汗，中东安全，军用地图	美国在中东战场的情报员
美国安全项目（2007年）	为21世纪制定一个国家安全蓝图和战略	60人	美国竞争力，气候、能源与安全，国家安全战略，非对称作战，核战略，美国安全与海洋	“美国安全共识”项目
新美国安全中心（2007年）	制定一个强大的、务实的、有原则的国家安全与防卫政策	52人	战略与政治艺术，技术与国家安全，国防战略与评估，能源、经济与战略	更新“全球公域”理论，设立名人项目

续　表

名称及创立年份	宗旨	规模	主要研究议题或项目	特色或影响
外交政策创议（2009年）	通过更强劲的全球融入来促进美国的全球领导权	12人	美国领导权，非洲，美洲，亚太，国防，欧洲，中东，反恐战	新美国世纪计划2.0版

三、美国国际问题类新型智库发挥影响的显性方式

美国国际问题类新型智库如何发挥影响，大致可分为显性方式和隐性方式两大类：前者包括出任政府高官、发布各种形式的研究成果、举办规模不等的研讨会、向总统和国务卿等政府要员递呈报告，辅导国会议员和参与国会听证；后者则涵盖培训青年精英、开设博客和论坛、到国外开设办事处、参与更迭外国政权。

出任政府高官是最为直接的影响方式。奥巴马上任以后，延揽新美国安全中心的6位人员进入其内阁，包括常务副国务卿詹姆斯·斯坦伯格、主管亚太事务的副国务卿库尔特·坎贝尔、常驻联合国大使苏珊·莱斯、防务政策委员会委员罗伯特·卡普兰。这让新美国安全中心声名鹊起，一举奠定了其在美国智库中的地位，以至于《华盛顿邮报》一篇文章断言：在奥巴马时代，新美国安全中心必定会成为影响美国军事的顶尖思想库①。

发布各种形式的研究成果，既有篇幅较长的专题报告或者年度报告，也有短小精悍的简报、评论。所针对的问题可能是某一热点问题，比如兵法研究所发布的《普京在乌克兰的下一个目标》②，也可能是一个未来趋势，比如新美国安全中心2009年发布的《中国登场：全球关系的框架》③，当然也可能是某个专业问题上的指数系统，比如全球发展中心每年就发达国家用于援

①LOAZDA C.Setting Priorities for the Afghan Wart[N].The Washington Post, June 7,2009.

②SPAULDING H.Putin's Next Objectives in Ukraine Crisis[R].ISW,Feb 3,2015.

③DENMARK A M etc.China's Arrival: A Strategic Framework for Global Relationship[R]. Report,CNAS, September 22,2009.

助发展中国家的《发展援助承诺指数》。总之，这些报告灵活多样，方便不同群体阅读和使用，13家美国国际问题类新型智库在这方面都是轻车熟路。

举行规模不等的研讨会论坛，也是新型智库发挥影响的一种常见方式。比如保卫民主基金会自2010年以来每年年底都会举行“华盛顿论坛”，届时国际安全领域的元老新秀济济一堂，就一个专题进行辩论研讨。它还举办“卓越领导人”项目，邀请崭露头角但观点各异的学界青年进行讨论。外交政策创议每年都举行年度论坛，或是访谈重要的议员，或是政界要人演讲，或是对话外国持不同政见者。

向总统、国务卿等政府要员递呈报告也是一种展示风采的形式。比如近年来中东民主项目就向奥巴马总统、国务卿克里等就叙利亚、伊朗、乌克兰等问题递呈了近30份报告。

辅助国会议员和参与国会听证是国际问题类新型智库的一大取向。在辅助国会议员方面，保卫民主基金会和外交政策创议最为典型。在保卫民主基金会的网页上，在简介之后就是国会，然后才是研究、项目、专家和新闻部，其对国会的重视无以过之。具体分为四个方面：参与国会听证，针对国会迫切需要解决的重大问题展开应急研究，对国会关心的国家安全问题递呈简报，对国会议员提供一对一的专家咨询服务，其中专门为112届国会议员设置了“重要议题系列”，宣称保卫民主基金会可以在如下议题上提供专业化的个人服务：基地组织和伊朗，伊朗在全世界发动的恐怖主义行动，制裁伊朗，埃及政治及其不稳定因素，军事化伊斯兰，美国本土恐怖主义，恐怖主义融资，苏丹发动的恐怖主义，索马里、埃塞俄比亚、苏丹及其与地区局势的关联，哈马斯、法塔赫、真主党，联合国及其改革，“9·11”事件后的美国反恐。相比之下，外交政策创议则通过“国会学者”项目（Congressional Scholar Program）来辅助国会。“国会学者”项目的宗旨是“教育下一代外交决策者”，申请者应认同其基本理念，众议院申请者要有立法助手履历，参议院申请者应有立法通讯员资历，如有外交和国防方面立法经验则更佳。项目组成员会在每年6月初至8月末接受相关领域杰出人士的培训。国家安全网络也设有“下一代国会议员”项目（The Next Generation Congress Initiative），旨在为议员提供一站式的专家服务。

至于参与国会听证，据笔者细致观察，广泛参与的仅有6家：核威胁计划、保卫民主基金会、全球发展中心、国际评估和战略中心、新美国安全中心和2049计划研究所，表5-2列举了这6家智库近5年来参与国会听证的总体情况。通过该表可知，新型智库已在较大程度上参与了国会听证，如保卫民主基金会的听证数量就极为可观，2011年、2013年、2014年分别达11次、10次、17次，其所涉及的议题都是伊朗、叙利亚、巴勒斯坦、恐怖主义、导弹防御、阿拉伯之春等问题。在这些听证会上，保卫民主基金会的人员都表达了美国应积极介入的态度。

这样一来，凭借积极参与国会听证，保卫民主基金会就比集中于中东问题的同行占据了更为有利的位置，对美国外交政策施加了更大的影响。

表5-2　近5年来美国国际问题类新型智库参与国会听证数量情况

智库／听证数量／年份	核威胁计划	保卫民主基金会	全球发展中心	国际评估和战略中心	新美国安全中心	2049计划研究所
2010年	1次	2次	4次	1次	3次	2次
2011年	1次	11次	2次	12次	8次	4次
2012年	1次	5次	0次	4次	6次	1次
2013年	1次	10次	4次	2次	7次	0次
2014年	0次	17次	4次	0次	8次	3次

与保卫民主基金会在美国中东问题上积极参与国会听证一样，国际评估与战略中心则全力参与美国有关亚太地区尤其是中国问题的听证会，与新美国安全中心、2049计划研究所一道共同推动了美国重塑美日同盟、亚太再平衡战略的实施。

四、美国国际问题类新型智库发挥影响的隐性方式

“从长期上看，大学和思想库培养着未来的决策者并决定着他们整个政治生涯的思维，特别是担任总统的四年或八年期间”①，新型智库在培养安全领域的青年精英方面也着力甚多，其中新美国安全中心、保卫民主基金会、外交政策创议和兵法研究所就是如此，美国安全项目与三家大学的伙伴项目更是别出心裁。

新美国安全中心专门设有“下一代国家安全领导人”项目，以挑选有资质的青年俊彦就当前迫切的外交和国家安全问题进行讨论，活动为期一个月，可以就相关话题与受邀专家讨论，参与该智库的研究项目。该活动自2009年实施以来，每年招收18名左右的学员，至2014年共招收了108名学员。这些学员的主力是国务院和国防部以及本土安全部的工作人员、议员的助手、现役各兵种军官和其他智库或高校的研究人员，其余的则是媒体和军火公司人员。保卫民主基金会设有“国家安全研究员”项目来培训青年，其所关心的问题集中在：本土恐怖主义，阻止伊朗获取核武器，激进反美恐怖组织。自2011年起实施以来，至2014年该基金会共招收了91名学员。外交政策创议则设有“未来领导人”项目，申请者需要认同其理念，年龄在30岁左右，本科以上学历，有三年以上相关工作经验。申请成功后，会在每年9月至来年6月参与它举办的各种活动。为了影响纽约市，它还发动了“纽约领导人”项目，招收来自纽约市各界的青年才俊。相比之下，兵法研究所在这方面独辟蹊径，它特意设立了“赫特格战争研究”项目来培训大学生，要求是对军事感兴趣的大二或大三学生，GPA（平均成绩点数）在3.75以上，兵法研究所除了提供餐饮、住宿和交通费之外，还为每位学员提供1500美元

①戴维，巴尔塔扎，瓦伊斯．美国对外政策：基础、主体与形成[M]．钟震宇，译．北京：社会科学文献出版社，2010：299.

的补助。活动为期两周，由兵法研究所的研究员和其聘请的专家讲授有关军事史、现代战争与政策的关系。美国安全项目自成一格，它认为华盛顿的外交决策圈都汲汲于眼下的得失，无法准确理解和恰当应对变化多端的挑战，更糟糕的是这个决策圈刚愎自用，而要破解这个困局，就必须想方设法让全美国的大学生就国家安全问题接受系统教育，在如何使用国家权力来应对21世纪挑战上获得良好的素养。由此出发，它与中央佛罗里达大学的总统全球视野特别助理办公室、田纳西大学的国际教育中心和安德森大学的政治科学与全球研究项目等三个高校的智库结成伙伴关系，通过讲座、科研项目等形式宣扬自己的观点。

开设博客和论坛，也是新型智库与大众互动的一种方式，由此智库可以介绍自己近期的活动、预告未来的计划，公众也可以参与相关专业问题的讨论、接受专家的培训。新美国安全中心的博客名为“议程”，中东民主项目的博客名为“POMED无线”。全球发展中心的博客内容很详细，分为“中心（指全球发展中心）观点”“反思美国援助政策”“全球卫生政策”和“中心播客”四个种类。2049计划研究所的博客名为“亚洲之眼”，聘用27名专业人士充当写手。美国安全项目、全球金融整合也有自己的博客。在设立论坛方面，新美国安全中心的“国家安全领导人论坛”十分成功，它延请了包括美国网络战司令部司令科斯·亚历山大、海军陆战队司令詹姆斯·埃蒙斯、世界银行前行长佐利克等军政名人做过专题演讲。国际评估和战略中心也设有论坛。

如果在国内培训青年是时间上的高瞻远瞩，在网上开设博客和论坛是网络上的长袖善舞，那么在国外设立办公室积极开展活动则属于空间上的拓展延伸，全球发展中心、全球合作安全中心和保卫民主基金会在这方面不遗余力。

由于意识到全球发展问题已经全球化，所以全球发展中心于2011年10月在英国伦敦建立了欧洲中心，配有单独的董事会，主要目的一是同欧洲政府、学界就发展问题进行接触和交流，其延续了全球发展中心消除全球发展不平等和贫穷问题的使命，当前侧重研究如下议题：非法金融流动，透明、审计和开放性，欧洲除援助之外的开发政策，创造性的融资和私人部门在开发工作中的接触，一年一版的《发展承诺指数》，测量不平等的新方法，探索新式的足以促使全球在气候变化问题上达成共识的方法，发展中国家财产权的影响。与全球发展中心欧洲分部注重研究不同，全球合作安全中心在欧洲设立分部的主旨则是培训，尤其是培训司法系统和高级官员在管理突发事件和公共危机上的处置能力，配有3名专职人员。之所以如此，是因为它的前身已经在这方面积累了20多年的丰富经验。不过，保卫民主基金会在加拿大渥太华设立的办公室则让前两位同行瞠乎其后，因为它已经广泛参与到了加拿大的安全和外交事务中。加拿大著名学者和活动家希尔·萨普拉（Sheryl Saperia）任主任。经过她的牵线搭桥，保卫民主基金会得以认识加拿大的诸多部长和议员，并且多次参加加拿大的国会听证，就制裁伊朗、如何阻止伊朗拥核、遏制恐怖主义、恐怖受害者索赔立法等问题做了论证。当然，专家圆桌论坛、发布报告也是常用手段，比如2012年由保卫民主基金会组织出版的《自由王国的恐怖主义》就对加拿大的恐怖主义和暴力事件做了详尽的分析，也提出了诸多应对方略。

在发达国家设立办公室，这是在国外发挥影响的一种比较温和的方式，而直接参与指挥第三世界的持不同政见者更迭政权则是激烈的形式。事实表明，保卫民主基金会和中东民主项目已经深度参与了叙利亚等国的内乱，为反对派撑腰鼓气、出谋划策，演绎了美国智库干涉他国内政的强劲角色①。

保卫民主基金会设有“里程碑”项目，专门用于支持叙利亚反对派。其活动主要有以下几个方面：召集叙利亚反对派中的精英举行圆桌论坛，2012

①美国学者马哈穆德·阿哈玛德（Mahmood Ahmad）认为，美国智库通过五种方式影响美国外交决策：产生原创性的政策思想和选择，为政府储备官员，提供高规格会谈的渠道，教育美国市民理解世界事务，取代政府在国外调停或结束冲突，见AHMAD M. U.S. Think Tanks and the Poliltics of Expertise：Role，Value and Impact[J].The PoliticalQuarterly，2008（4）：530. 其中提供高规格会谈的渠道，一般被我国学者认为是“二轨”外交，但是在政府不便出面时取代政府在国外调停或结束冲突这一点，还没有得到充分认识。

年2月，它就主办了一场叙利亚反政府军的电视电话会议，邀请了包括CNN（Cable News Network）在内的媒体参加；研究其他国家或地区的制裁，2011年9月7日，它就发布了一份关于欧盟制裁叙利亚的备忘录；同外交政策创议联合发布多份报告，比如2011年11月8日，这两家智库就联合发布了报告《后阿萨德时代的叙利亚：美国及其友邦进一步援助叙利亚反政府军的选择》；向总统递呈报告，2011年12月19日，它联合外交政策创议向奥巴马总统递呈了报告《立即行动阻止阿萨德持续屠杀叙利亚平民》，上面有49位外交政策专家和前美国政府官员的签名；援助针对阿萨德的美国国会立法，比如对纽约州两位众议员的提案"支持叙利亚自由法案"提供研究和分析支持。除此之外，开列了一份包括阿萨德在内的"指定叙利亚国民清单"。总而言之，常思风云之变以逞其志的保卫民主基金会，在叙利亚危机中确实使出了浑身解数。

综上所述，美国国际问题类新型智库具有以下特点：第一，研究内容更为专一精深。与前辈智库布鲁金斯学会、对外关系委员会、战略与国际问题研究中心、传统基金会、美国企业研究所、兰德公司等相比，新型智库不再追求研究议题涵盖世界政治各个层面，而是专注于某一个议题或某一个地区，由此建立详细的数据库，开展针对性很强的活动。第二，在国内更加注重对国会的辅助和对青年的培训引导。也就是说，新型智库虽然不能奢望借助总统选举而直接进入中枢，但是假手国会也能施加间接影响，而着力教育青年更是蕴含"百年树人"的良苦用心。第三，充分利用网络这个崭新的平台来开展各种活动。第四，积极在国外拓展影响，这方面不仅包括全球发展中心在发达国家开设办事处或从事研究或培训人员或参政议政，也包括那些积极干涉其他内政的智库，如中东民主项目和保卫民主基金会践行了"回飞镖”[①]模式，利用非政府组织身份，广泛参与了中东国家的政变或内乱，将智库的影响从国内大大向国外这个视域推进。

结　语

美国新型智库锐意进取对于美国政府有何意义？2002年，麦克甘博士在美国国务院主办的期刊《外交政策议程》上撰文《智库与外交的跨国化》，认为全球化导致智库的活动范围和影响极大地扩展了，而美国智库在全球范围内支持和维持民主的潜能远没有被开发出来，21世纪美国的挑战之一就是要充分利用好美国智库在知识、信息和能量上积攒的巨大储备；呼吁美国国务院及其他涉外部门立即联手智库在全球构建一个超越地理、政治和学科界限的专家网络来解决当前的问题或持久性的难题[②]。事实表明，21世纪以来，美国政府越发倚重非政府组织在世界范围内推行外交政策。可以预见，美国新型智库在未来美国外交中必将发挥更大的作用。

①回飞镖模式是国际非政府组织影响一国内政外交的主要方式之一。在A、B两国的正常交流渠道不畅时，A国内的非政府组织就会绕过本国政府，向B国的非政府组织求助，希冀由此来影响B国政府，再通过B国政府向A国政府施压，最终促使A国政府改弦更张。“在这一模式中，A国一般是发展中国家，而B国则是发达国家”。参见张勇安，刘海丽.国际非政府组织与美国对缅外交：以美国国家民主基金会为中心[J].美国研究，2014，28(2)：21-33.

②MCGANN J G.Think Tanks and the Transnationalization of foreign Policy [J].U.S. Foreign Policy Agenda, 2002(3)：18.

第二节　作为比较的英国国际问题类新型智库

2016年3月17日，日本海军中将春田洋二在英国议会下院做了一场主题演讲，企图拉拢英国介入东海和南海冲突。活动主持人乃是英国议员朱利安·科耐特（Julian Knight），然而整个活动却是由英国国际问题类新型智库亨利·杰克逊学会（Henry Jackson Society）一手策划的。实际上，亨利·杰克逊学会仅仅是21世纪英国涌现的14家国际问题类新型智库之一，这场活动也仅仅是这类新型智库发挥影响力的一个缩影。

一、英国国际问题类新型智库的类别

英国这14家国际问题类新型智库，依据其性质和层次，可以大致分为四类：

第一类是由于英国国内政治层面变动引起的，其中又可分为两个亚型。第一个亚型是属于英国军政决策层内部围绕某种特殊问题而产生的智库。首当其冲的是两家军事类智库和一家气候类智库：时任空军司令格林·托比（Glenn Torpy）建立的“皇家空军空权研究中心”（Royal Air Force Center for Air Power Studies），其目的是要联合学术界展开空战研究，具体就是伦敦国王学院的空战研究部；由英国国防协会在2010年版《防务和安全战略评论》发布前建立的“国防协同”（Defense Synergia），其动因是他们认为唯有置于大

战略视野下才能规划英国国防建设；气候类智库，这就是试图颠覆英国官方气候政策的全球变暖政策基金会（Global Warming Policy Foundation），它认为政府和高校的气候变化数据存在问题，“全球气候变暖论”是政治阴谋，这显然是气候变化“怀疑论”者在英国智库层面的反映[①-②]。事实上，冷战后英国高度重视气候变化问题，是率先将气候问题上升到国家安全战略层面的国家之一[③]。它的董事会里有4位上院议员，两位欧洲议会议员，现任主席是英国前财政大臣尼吉尔·劳森（Nigel Lawoson）。第二个亚型是威胁英国国家统一的苏格兰全球论坛（Scottish Global Forum）。众所周知，苏格兰独立倾向由来已久，始终是影响英国国家完整性的隐患。苏格兰全球论坛试图从苏格兰的独特视角来审视苏格兰与英国的关系、苏格兰与欧盟及北约的关系，分析那些能够影响苏格兰发展以及苏格兰在全球的地位的事件。

第二类涉及英国与美国等西方盟友的五家智库。自二战后，英国一直以构建英美特殊关系作为外交战略的重要支柱，2010年版英国《国家安全战略》中也明言，英国与美国在防务、安全和情报上的紧密联系，是英国国家利益的核心[④]。亨利·杰克逊学会可谓体现新时期英国构建英美特殊关系的样板。该学会是剑桥大学国际关系研究中心的老师和学生创建的，后搬到伦敦。亨利·杰克逊是美国华盛顿州国会资深参议员，曾任职参议院军事委员会，在外交上主张扩大军费开支，对苏联执行强硬政策。这份政治遗产被他的得力助手理查德·佩勒（Richard Perle）所发扬，理查德·佩勒后任里根总统助理国防部部长，1987—2004年一直在国防政策顾问委员会任职，正是他的牵线搭桥才让亨利·杰克逊学会得以命名。亨利·杰克逊学会的八项原则

---

①JACQUES P J, QUNLAP R E, FREEMAN M.The Organisation of Denial: Conservative Think Tanks and Environmental Scepticism[J].Environmental Politics,2008,17(3):349-385.

②赵宏图.气候变化“怀疑论”分析及启示[J].现代国际关系,2010(4):56-63.

③李靖堃.国家安全视角下的英国气候政策及其影响[J].欧洲研究,2015,33(5):1-17.

④HM Government.A Strong Britain in An Age of Uncertainty[R].Presented to the Paliament by the Prime Minister by Her Majesty,October 2010:22.

声明，强调现代民主制度是非西方世界的模板，支持“前进战略”（Forward Strategy），加强军事建设，敦促欧洲在英国的领导下加速军事现代化，巩固西方的团结。理查德·佩勒是在这项声明上签字的三位美国人之一，另两位是美国新保守主义代表威廉·克里斯托尔和美国前中央情报局局长詹姆斯·沃尔西。可见，该智库是英美两国新保守主义合作联动的平台。在这项声明上签字的，还有7位英国现任议员，3位前议员甚至英国情报局局长理查德·迪尔拉乌（Richard Dearlove）。学会的研究议题非常广泛，涵盖全球，还设立了“应对激进化和恐怖主义中心”“新中东中心”“俄罗斯研究中心”“战略分析”和“学生权利”等项目。

关注英国与欧盟关系的有四家新型智库。虽然英国在1973年加入欧盟，但是英国坚持使用英镑而不使用欧元，又不能打入法德主导的欧盟决策层，所以随着欧盟改革的深化和世界局势的演变，英国内部对于是否继续留在欧盟产生了分歧，而这四家智库正好体现了这个变化。“全球视野”（Global Vision）认为英国应与欧盟形成一种更为松散、更为现代的关系，唯有如此，才能适应21世纪不断变化的世界，而且这种关系以贸易和共识为基础，同时剔除政治和经济上的联盟。站在“全球视野”旗下的20名英国议员，包括2名欧洲议会议员，17名贵族代表；他们奉上院议员诺曼·布莱克维尔（Norman Blackwell）为首领，而诺曼·布莱克维尔是撒切尔首相的幕僚，2002年以来在欧盟多个小组委员会有过任职，现今是英国议会上院代议权与监管改革委员会委员。“开放欧洲”（Open Europe）由商人建立，倡导一种灵活的欧盟统一方式，成员国之间形成不同程度的紧密关系，欧盟应返回部分权力给成员国；究其本质，它是鼓励欧盟成为一个松散的单一市场，在政治上推行自由化运动，呼吁欧盟在有关领域减少干涉。其现任主席是积极推动欧盟改革的英国议会上院议员罗德尼·里奇（Rodney Leach）。开放欧洲的口号是“当下、情报、行动”，为此积极活动，最明显的就是采集相关投票数据，举行论坛。与它志趣相投的是“新的开始项目”（Fresh Start Project），两者曾多次展开联合行动。这三家智库大体上都可以视为“欧洲怀疑论”（Euroscepticism）者，在英国有深厚的土壤①。2009年的一份调查显示，英国国内对保留欧盟成员国地位的支持率是欧盟国家内最低的，与拉脱维亚和匈牙利相仿。与上述三家智库相反，支持欧盟的英国政治学家马可·莱昂纳德（Mark Leonard）于2007年创建了欧洲外交关系委员会（European Council on Foreign Relations），希望帮助欧盟形成统一且有效的外交政策，一致对外。该智库有170多名会员，包括欧洲各国的政要、商人、公共知识分子和欧盟现任及离任高官。在研究中最能体现它旨趣的，是2011年后一年一度的“欧洲外交政策积分卡”（The European Foreign Policy Scorecard），该项目会检视欧洲在80个领域投放力量的情况，分六个章节逐项讨论欧洲同美国、俄罗斯、中国的关系以及欧盟扩大、危机管理等问题。

第三类是关注新兴地区、新兴国家、全球开发问题的三家新型智库，这是指非洲问题研究所、剑桥大学新兴国家研究中心和伦敦政治经济学院国际增长中心。21世纪的国际舞台上，非洲日益成为大国竞逐之地，2007年美国建立单独处置非洲事务的非洲司令部，巴西卢拉政府在外交部成立单独的非洲司令部就是明证，所以英国于2007年成立专门研究撒哈拉南部非洲的智库，可谓正当其时。而2003年美国高盛公司那份影响深远的“金砖国家”报告，就颇有先见地预测到新兴国家整体性崛起的广阔远景，因此剑桥大学成立专门的新兴国家中心也可谓见机而作。伦敦政治经济学院国际增长中心有别于此前同类老智库那种宽宏的研究布局，研究议题仅集中在四个领域，更倾向于国别类的个案研究。

第四类是体现英国具备全球视野的两家智库。如伦敦政治经济学院艾迪斯项目布局分为四个方向：其一是分析当代国际局势的研究型项目，比如分析中国国内发展及决策的“中国前瞻”项目，以及“国际毒品政策”项目和“权力转移”项目，这类项目的对策性和前瞻性很强。其二注重历史溯源，如

①曲兵，王朔.透视英国的“疑欧主义”[J].现代国际关系，2016(4):40-48.

“冷战史研究”项目。其三是侧重讨论性质的论坛，如讨论未来英国外交的“外交委员会”，它甚至和德国的两个同行合作建立和运营一个名为“达伦多夫论坛”的机构，专门讨论欧洲同外部世界的外交关系。其四是希望动用伦敦政治经济学院的智力资源为英国政府实施战略指点迷津的“全球战略”讲座。又如伦敦国王学院战争系一位博士生创立的战略研究和分析中心（Center for Strategic Research and Analysis），它倡导综合运用国际关系学、政治学、地理学、国际法和经济学来研究这个相互依存的世界，其研究内容包括美国、中国、欧洲等。

二、英国国际问题类新型智库的性质与层次

由第一节可知，英国国际问题类新型智库在层次上分为关注英国本身、关注英国与欧美世界、关注英国与第三世界和关注英国与全球等几个逐渐递升的层次，具体见表5–3。

表5–3 英国国际问题类新型智库的性质与层次

新型智库名称	性质	层次
皇家空军空权研究中心、国防协同、全球变暖政策基金会	对具体某个议题的深入观察和特殊主张	英国决策圈内部的歧义
苏格兰全球论坛	独立地区进行活动的平台	威胁英国国家统一
开放欧洲、全球视野、新的开始项目、欧洲外交关系委员会	讨论英国与欧盟的关系	影响英国与欧洲的离合
亨利·杰克逊学会	弘扬美国政治家的主张	构建新时期英美特殊关系
非洲问题研究所、剑桥大学新兴国家研究中心、伦敦政治经济学院国际增长中心	英国高度关注第三世界	英国的发展离不开发展中国家
伦敦政治经济学院艾迪斯、战略研究和分析中心	英国对全球大趋势的深刻观察	英国力图引导、融入全球变革

按照建立时间的先后顺序，笔者制作了表5–4，对英国国际问题类新型智库做了一个简明扼要的总结。

表5-4　21世纪英国国际问题类新型智库概况

名称及建立年份	宗旨	规模	研究项目或主题	特色或影响
亨利·杰克逊学会(2005年)	继承美国政治家杰克逊遗产，利用民主来改造世界	30人	战略分析，新中东中心，俄罗斯研究中心，应对极端主义和激进主义中心	经常在议会开展活动，为客户提供中东国家、俄罗斯等国的风险评估
开放欧洲(2005年)	欧盟内部应形成更富灵活性的关系	30人	原初思想家，政策改变者，“欧盟兵棋推演”“洞察先机”	在伦敦、布鲁塞尔和柏林设有办公室，配有专门网站，采集英—欧关系投票信息
全球视野(2007年)	英国的未来在欧盟之外的世界	不详	粉碎欧洲神话，布鲁塞尔以外	鼓动英国退出欧盟的推手
皇家空军空权研究中心(2007年)	为空军提供实证性的战略研究支持	不详	对外招收研究员，“皇家空军空权研究中心年度阅读”	发行《空战评论》
非洲问题研究所(2007年)	破除西方对非洲的陈旧认识，全面了解非洲	5人	农业和土地，城市，卫生，治理，选举，法制与法律	英国唯一关注撒哈拉南部非洲的专门智库
欧洲外交关系委员会(2007年)	认识欧洲在世界上的角色，提供独立研究	43人	中国和亚洲，大欧洲，中东北非，“欧洲外交年度积分卡”	在柏林等7国首都有办事处，倡导泛欧视角
战略研究和分析中心(2008年)	用跨学科方法研究国际关系	不详	土耳其，欧洲，美国，中国及其邻国，城市研究，治理，民主，非洲	发行《全球安全分析》《冲突改造和安全》《欧亚政治与安全》等刊物
伦敦政治经济学院艾迪斯(2008年)	为决策者和研究者提供交流平台	不详	冷战史研究，达伦多夫论坛，中国前瞻，权力转移	发行《冷战史》和《国际政治》期刊，是世界上最好的大学智库之一
伦敦政治经济学院国际增长中心(2008年)	帮助发展中国家实现可持续发展	21人	国家，能源，城市，公司	国别研究非常翔实，在全球有14个办公室
全球变暖政策基金会(2009年)	挑战政府的气候政策	18人	气候政策研究，能源研究，气候研究	气候变化“怀疑论“者，设有专题电视台和全球变暖政策论坛
国防协同(2010年)	缔造英国大战略	不详	核威慑，航母，战略防卫与安全评论	跟国防决策圈关系密切，积极推动英国军事变革
剑桥大学新兴国家中心(2011年)	用国际化视野和跨学科方法研究新兴国家	19人	用跨学科方法研究新兴国家的政治、历史和经济，贯穿制度、问题和体系	多位“金砖”国家使节和学者任其高级研究助理
新的开始项目(2011年)	为英国—欧盟关系的改变提供选择	不详	贸易，共同农业政策，共同渔业政策，社会和就业法，环境，预算和制度	“欧洲怀疑论”者，与“开放欧洲”联合举办欧盟改革论坛

续　表

名称及建立年份	宗旨	规模	研究项目或主题	特色或影响
苏格兰全球论坛（2013年）	从苏格兰的视角审视苏格兰与英国、欧盟的关系	10人	民主，国际关系，人权与公民参与，国防与安全	展示苏格兰特殊地位和愿望的平台，独立问题研究渐成规模

三、英国国际问题类新型智库的影响

综而观之，观察英国国际问题类新型智库的影响力，大体上可以分为国内和国际两大视角，当然不同智库可能侧重不同。国内的可以分为以下五种：

第一，直接影响英国议会。亨利·杰克逊学会、全球视野、开放欧洲、欧洲外交关系委员会、新的开始项目、全球变暖政策基金会背后都有英国国会议员支持，有些甚至就是议员直接建立的，所以这类智库就能直接接触国会。如2009年亨利·杰克逊学会成为英国议会两个委员会（跨大西洋和国际安全委员会、本土安全委员会）的指定咨询机构，由此经常在国会开展活动。2015年6月至2016年4月，该学会在国会举行了5场关于乌克兰问题的活动。这些活动一般都由议员主持，而演讲者或是英国学者或是美国政要或是乌克兰议员。而活动的性质，或是盟国间围绕对乌克兰问题采取何种手段的讨论，或是乌克兰议员表达向欧盟向英国靠拢的决心。与它类似，“开放欧洲”是英国议会“所有党派欧盟改革小组”（All Party Parliamentary Group for EU Reform）的指定咨询机构，为其提供一系列涉及欧盟及英国同欧盟关系的报告，具体的议题涵盖农业政策、金融、刑事司法、地区政策、欧盟预算、贸易、社会和就业法等。

第二，发布研究报告，发行刊物，开设博客。各家新型智库基本上都重视研究成果的发布，除了“全球视野”将几份核心报告即关于英国—欧盟关系认识的原则性报告放置在官网上不再更新以外，其他15家智库都会及时发布新的研究成果。比如“国防协同”就经常发布其关于英国具体军种改革以及对英国国防建设整体性思考的研究报告。而伦敦政治经济学院国际增长中心发布的具体非洲国家的研究报告，不但数量十分可观，而且研究非常细致深入。相对而言，刊物比研究报告更为正式规范，更富有学术性。

第三，举办大型论坛，邀请政要、学者等各界精英辩难问道，传递信息。这方面“开放欧洲”最为擅长，它举办的欧盟改革的论坛，有的规模很大，最为人所熟知的是它与“新的开始项目”2014年1月15—16日联合举办的“大欧洲欧盟改革大会”，英国财政大臣乔治·奥斯本（George Osborne）继首相卡梅伦2013年1月在彭博新闻社就欧盟改革问题表态之后，再次阐明英国政府对欧盟改革的立场。参会的政要还有欧盟渔业和海洋事务委员会委员、欧盟议会议员、德国联邦议会议员、法国“人民运动联盟”副主席、爱尔兰欧洲事务部部长等。事后德国《焦点》周刊称此次大会全面、清晰地传达了英国对于欧盟改革的政策。2016年3月，卡梅伦政府通过艰苦谈判，获得欧盟内的“特殊地位”，也算是双方的一种妥协。

第四，倡导新方法，呼吁新视角。如几家新型智库明确提出要用跨学科的方法来开展研究，在研究内容上转为对城市、公司等非国家行为体的研究。其中对城市的研究，可以说顺应了城市日益成为国际舞台重要行为体的大趋势。

第五，推动英国国家安全制度的进步，鼓动英国恢复全球性大国地位。如两家军事类新型智库的成立，背后有深刻的背景，尤其是强调协调的“国防协同”。在史实层面，冷战后英国是欧盟国家内跟随美国参与战事最多的国家，但限于经济发展和国内党派掣肘以及与欧盟的军事协调不力，所以英国军事建设放缓，聚讼纷纭。在制度层面，英国政府于2008年发布了首份《国家安全战略》，于2010年成立了国家安全委员会，明确国家安全委员会是英国国家安全管理的最高协调机构，负责指导处理英国所有方面的安全问题，在最高层面上统筹外交部、国防部、国土部和能源部等部门，提高战略研判能力，确认战略重点和优先性问题，协调跨政府部门的行动，提高风险防范和应急处置能力[①]。2015年版《国家安全战略和战略防务与安全评估》[②]报告开门见山地指出“我们的蓝图是保证英国是一个富饶且安全的国家，融入全球，拥有全球性影响力”，并开辟第五章专门论述“投放我们的全球影响力”。

相比在国内的活动，新型智库更着意在国际化和市场化上发力。大体如下：

在国际舞台中广交朋友，或凝聚共识，或拓展研究，或遥相呼应。随着全球化的加深，英国新型智库的国际化趋势越发明显和强劲，其中一个特征就是广交朋友，如亨利·杰克逊学会的“国际赞助人”就包括澳大利亚前外交部长、蒙古国前总理、欧盟前高官、美国前总统经济事务特别顾问等，又如仅有5名工作人员的非洲问题研究所其董事会里就有26位来自世界各地的非洲事务专家和政治家。连苏格兰全球论坛都将“全球北极”（Global Arctic）列为合作机构。

同国外智库建立新机构，共同管理，联合开展研究和活动。伦敦政治经济学院艾迪斯同德国的柏林赫尔梯行政学院（the Hertie School of Governance in Berlin）和墨卡托基金会（Stiftung Mercator）联合建立达伦多夫论坛，共同治理，联合研究，开创了欧洲智库的新模式。该机构是实体研究组织，设有中国、中东北非、北美、俄罗斯和乌克兰、土耳其、欧盟治理以及强调融合的“伞状研究”等7个工作组，发布《达伦多夫分析》等多种出版物，隔年举行大型综合性会议，比如2013年的论题就是“争论欧盟”。

接受外国政府或机构委托开展专门研究或活动。如伦敦政治经济学院国际增长中心也应卢旺达总统保罗·卡加梅（Paul Kagame）所请，同卢旺达金融与经济规划部达成合作备忘录，研究如何调整该国的产业结构以实现长期

①DEVANNY D J, HARRIS J.National Security Council: National Security at the Center of Government[R].Institute for Government, October 2014.

②HM Government.National Security Strategy and Strategic Defence and Security Review: A Secure and Prosperous United Kingdom[R].Presented to the Paliament by The Prime Minister by Her Majesty, Nov 2015.

发展。如前所述，亨利·杰克逊协会在这方面的作为应引起中国高度警惕。2016年年初，日本驻英国大使馆出于影响英国主流政客和媒体从而破坏中英关系的目的，曾有意向亨利·杰克逊协会和一家名为“媒体情报伙伴”的公司每月提供1.5万英镑以帮助日本在英国推行“沟通战略”，最后与前者签署了协议。

推进市场化，提供风险评估服务。亨利·杰克逊学会的“战略分析”项目就是为客户提供中东北非、俄罗斯和土耳其的暴力、经济和政治方面的风险评估，确认投资的机遇所在，当前主要的服务是《中东北非石油天然气部门风险和前瞻报告》《特定国家局势的阶段性总结》《定制报告》等，其发布的报告涉及埃及、也门、伊拉克等国的政治局势研判。

依据自身特点，建立适宜的机制来开展活动。如苏格兰全球论坛就在2014年苏格兰独立公投前出谋划策，既出版过《保卫国家：捍卫一个独立的苏格兰》[①]这样的纲领性文件，也发布了关于苏格兰与北约、欧盟和美国的关系等系列对策报告。在独立公投失败后，继续关注欧洲具有独立倾向的地区，比如《法罗群岛的独立政治报告》，在研究独立问题方面渐渐有了规模。由于欧洲存在巴斯克地区、科西嘉、瓦隆这样与苏格兰类似的准国家[②]，独立运动不时出现，所以苏格兰全球论坛作为独立运动和研究的旗帜会不会得到效仿，将是个有待观察的问题。

结　语

总之，英国在21世纪涌现的国际问题类新型智库，数量上的可观与种类上的多样并行不悖，其中四家关注英国与欧盟关系的智库，深刻体现了英国

①MACDONALD D J, PARROTT L A.Securing the Nation: Defending an Independent Scotland[R].Scotland Global Forum, Nov12, 2013.

②科恩.地缘政治学：国际关系的地理学[M].严春松，译.上海：上海社会科学院出版社，2011：205-209.

与欧盟的博弈[①]，而非洲问题研究所、剑桥大学新兴国家研究中心则昭示了英国战略界对第三世界变化趋势的深刻认知。相比之下，亨利·杰克逊学会依然体现了英美的特殊关系。在性质和层次上，这些智库凸显了21世纪英国决策圈内部存在的争议，以及英国战略界对英国与欧盟、英国与美国、英国与发展中国家等各个层面关系的再思考与再定位。

而与美国新型智库比较来看，英国智库的来源上学生的影响比较大，而且苏格兰分裂势力也在“蠢蠢欲动”。在使命定位上，英国智库专门研究欧洲—英国关系的智库较多，说明英国不愿意抛弃大英帝国的荣耀而与欧洲大陆国家平起平坐。与此同时，英国军事改革看上去是个迫切的议题。比较而言，美国新型智库的视野聚焦在全球，研究方法更为多元，来源更为复杂多样。

①WHITMAN R G.Brexit or Bremain：What Future for the UK”s European Diplomatic Strategy? [J].International Affairs，2016，92(3)：509-529.

主要参考文献

一、中文著作

[1]科恩.地缘政治学:国际关系的地理学[M].严春松,译.上海:上海社会科学院出版社,2011.

[2]埃里克·方纳.美国自由的故事[M].王希,译.北京:商务印书馆,2002.

[3]亨利·基辛格.大外交[M].顾淑馨,林添贵,译.海口:海南出版社,1998.

[4]弗朗西斯·福山.历史的终结及最后之人[M].黄胜强,许铭原,译.北京:中国社会科学出版社,2003.

[5]杰里尔·A.罗赛蒂.美国对外政策的政治学[M].周启朋,傅耀祖,等译.北京:世界知识出版社,2005.

[6]戴维,巴尔塔扎,瓦伊斯.美国对外政策:基础、主体和形成[M].钟震宇,译.北京:社会科学文献出版社,2011.

[7]布罗迪加姆.龙的礼物:中国在非洲真实的故事[M].沈晓雷,高明秀,译.北京:社会科学文献出版社,2012.

[8]安德鲁·克雷佩尼维奇.最后的武士:安德鲁·马歇尔与美国现代国防战略的形成[M].张露,王迎辉,译.北京:世界知识出版社,2018.

[9]希尔.变化中的对外政策政治[M].唐小松,陈寒溪,译.上海:上海人民出版社,2007.

[10]英德杰特·帕马.以慈善的名义:美国崛起进程中的三大基金会[M].陈广猛,李兰兰,译.北京:北京大学出版社,2018.

[11]徐彤武.美国公民社会的治理——美国非营利组织研究[M].北京:中国社会科学出版社,2016.

二、中文期刊

[1]张勇安,刘海丽.国际非政府组织与美国对缅外交——以美国国家民主基金会为中心[J].美国研究,2014,28(2):21-33.

[2]沈本秋.2007年以来美国非政府组织在香港活动之评析[J].社会主义研究,2013(1):154-158.

[3]李枏.论美国非政府组织在朝鲜的援助与活动[J].美国研究,2017,31(2):50-64.

[4]许海云,曾晨宇.冷战时期美国非政府组织发展及其特点分析[J].当代世界与社会主义,2013(1):183-188.

[5]魏红霞.美国的新思想库[J].美国研究,2010,24(3):107-125.

[6]张霞.美国国际开发署与非政府组织的合作模式[J].国际资料信息,2011(1):13-17.

[7]陈洁.美国首份《四年度外交和发展审议》研究[J].美国问题研究,2013(1):142-158.

[8]康杰.外部知识对部门利益的重塑——防务智库与当代美国军事决策[J].国际关系研究,2017(6):127-144.

[9]徐彤武.美国国际性民间组织研究[J].美国研究,2010,24(4):55-82.

[10]徐彤武.当代美国非营利部门与美国国家安全[J].国际政治研究,

2014(3):74-95.

[11]刘国柱.和平队与美国对第三世界外交的软实力[J].浙江大学学报(人文社会科学版),2008,38(1):35-44.

[12]余功德.第四点计划与美国对非政府组织的政策——兼论对理解全球治理理论的启示[J].国际政治研究,2011(1):46-58.

[13]余章宝.作为非政府组织的美国智库与公共政策[J].厦门大学学报(哲学社会科学版),2007(3):114-122.

[14]贾少学.俄罗斯非政府组织立法动态分析[J].人民论坛,2015(3):245-247.

[15]李峥."温柔"的背后——警惕美国新一轮民主输出[J].世界知识,2014(3):46-47.

[16]夏立平.奥巴马政府的台海政策及其影响[J].美国研究,2011,25(2):81-94.

[17]陶文钊.近来美国智库关于美对台政策的争论[J].现代国际关系,2012(2):1-7.

[18]阮建平.从美国对台军售讨论看其台海政策调整[J].现代国际关系,2012(3):9-15.

[19]刘飞涛.美国涉台政策辩论及对台军售政策走势[J].国际问题研究,2012(4):51-65.

[20]周琪."奥巴马主义"及其在国内外的制约[J].国际经济评论,2010(3):69-80.

[21]吴雪.美国"新保守主义"研究状况评述[J].外交评论(外交学院学报),2006(5):80-85.

[22]陶文钊."新美国世纪计划"与伊拉克战争——美国思想库与冷战后美国外交政策的一个实证考察[J].和平与发展,2012(6):6-11.

[23]韩召颖,宋晓丽.美国发动伊拉克战争的决策探析——小集团理论思

维的视角[J].外交评论(外交学院学报),2013,30(2):63-77.

[24]郑安光.新思想库与奥巴马政府的亚洲政策决策——以新美国安全研究中心为例[J].当代亚太,2012(2):26-42.

[25]曲兵,王朔.透视英国的“疑欧主义”[J].现代国际关系,2016(4):40-48.

[26]曹升生,夏玉清.“全球公域”成为新式的美国霸权主义理论——评新美国安全中心及其东北亚战略设计[J].太平洋学报,2011(9):24-32.

[27]曹升生.专注台海关系的美国新智库“2049计划研究所”[J].南通大学学报(社会科学版),2013(3):35-40.

[28]曹升生.践行新保守主义的美国新智库:外交政策创议[J].战略决策研究,2014,5(4):21-33.

[29]曹升生.美国新型智库在国际问题上的影响力研究[J].太平洋学报,2015,23(9):87-97.

[30]曹升生,高科冕.专注于军事研究的美国新智库:战略与预算评估中心[J].战略决策研究,2014,4(3):29-41.

[31]王义桅.美国重返亚洲的理论基础:以全球公域论为例[J].国际关系学院学报,2012,30(4):66-72.

[32]韩雪晴,王义桅.全球公域:思想渊源、概念谱系与学术反思[J].中国社会科学,2014(6):188-205.

[33]崔巍.1961年以来美国政府资助民间志愿组织的政策演变研究[D].北京:外交学院,2016.

[34]赵梦媛.美国非政府组织对外援助研究[D].北京:北京外国语大学,2017.

[35]Thelma Rolinda Rolle.美国非政府组织在公共外交领域中的角色转变——以2010年海地地震救灾为案例为研究[D].长春:吉林大学,2015.

[36]王娟萍.国际非政府组织对国家政治安全的影响——以美国索罗斯基

金会为例[D].上海:复旦大学,2009.

[37]杨金茹.试析俄罗斯的非政府组织政策[D].北京:外交学院,2008.

三、英文期刊及研究报告

[1]WARD W E,GLAVIN T P.U.S. Africa Command and the Principle of Active Security[J].Joint Force Quarterly,2008(4):61-66.

[2]WARD W E,GLAVIN T P.Africa's Future is up to African,Putting the President's words into Action[J].Joint Force Quarterly,2010(3):6-12.

[3]YATES M C.U.S. AFRICOM Command:Value Added[J].Joint Force Quarterly,2009(1):152-155.

[4]HOOPER C W.Going Farther by Going Together:Building Partner Capacity in Africa[J].Joint Force Quarterly,2012(4):8-13.

[5]PENN D R.USAFRICOM:The Militarization of U.S. Foreign Policy?[J].American Foreign Policy Interests,2008(4):74-78.

[6]STEVENSON J.The U.S. Navy into Africa[J].Naval War College Review,2009,62(4):380-383.

[7]KIM J.A Study of the Roles of NGOs for North Korean Refugees' Human Rights[J].Journal of Immigrant&Refugee Studies,2010,8(1):76-90.

[8]HILARY F C.Leading through Civilian Power:Redefining American Diplomacy and Development[J].Foreign Affairs,2010,89(6):13-24.

[9]WIADRA H J.Think Tanks and Foreign Policy in Globalized World:New ideas,New "tanks",New Directions[J].International Journal,2015,70(4):517-525.

[10]FOWLER M W.A Brief Survey of Democracy Promotion in U.S. Foreign Policy[J].Democracy and Security,2015,11(3):227-247.

[11]BRANCATI D.The Determinants of US Public Opinion Towards Democracy Promotion[J].Political Behavior,2014,36(4):705–730.

[12]SUSMAN G, KARDER S.Template Revolutions: Marketing U.S. Regime change in Eastern Europe[J].Westminster Papers in Communication and Culture, 2008(3):91–112.

[13]VINOGRADOVA P.Restriction of Rights of Non–Governmental Organizations in Russia As a Subject of Judicial Control[J].BRICS Law Journal,2016,3(3): 105–110.

[14]KUMAR V.Russia's "Foreign Agent" Law: A Response to American Democratic Promotion Policy[J].Comparative Politics,2015(1):98–99.

[15]JADALLAH D.Democracy Promotion and Abstracted Sovereignty[J].Arab Studies Quarterly,2012,34(4):205–229.

[16]BUNCE V.The Prospects for a Color Revolution in Russia[J].Dædalus, 2017,146(2):19–29.

[17]PHAM J P.China's African Strategy and Its Implications for U.S. Interests [J].American Foreign Policy Interests,2006,28(3):239–253.

[18]PHANM J P.India's Expanding Relations with Africa and Their Implications for U.S. Interests[J].American Foreign Policy Interests,2007,29(5):341–352.

[19]VESSELINOV E.Segregation by Design: Mechanisms of Selection of Latinos and Whites into Gated Communities[J].Urban Affairs Review, 2012, 48(3): 417–454.

[20]MCFATE S.Briefing U.S. Afcica Command: Next Step or Next Stumble? [J].African Affairs,2008,107(426):111–120.

[21]PHAM P.American New Africa Command: Paradigm Shift or Step Backward?[J].Brown Journal of World Affairs,2008,15(1):257–272.

[22]THOMAS–JENSEN C.Beyond AFRICOM: Toward a Comprehensive U.S.

Africa Policy [J].Yale Journal of International Affairs,2008(1):33-45.

[23]MUNSON R.Do We Want to "Kill people and break thing in Africa"? An Historian's thoughts on Africa Command[J].Strategic Studies Quarterly,2008(1):97-110.

[24]NSIAPEPRA K.Militarization of U.S. Foreign Policy in Africa: Strategic Gain or Backlash?[J].Military Review,2014,94(1):50-59.

[25]DAVID W.Militarizing Africa and African Studies and the U.S. Africanist Response[J].African Studies Review,2012(2):147-161.

[26]BURGESS S.In the National Interest? Authoritarian Decision-making and the Problematic Creation of U.S. Africa Command[J].Contemporary Security Policy,2009,30(1):79-99.

[27]BAGAYOKO N.French Reactions to AFRICOM: An Historic Perspective [J].Contemporary Security Policy,2009,30(1):28-31.

[28]ABELSON D E.Old World, New World: The Evolution and Influence of Foreign Affairs Think-tanks[J].International Affairs,2014,90(1):125-142.

[29]AHMAD M.U.S. Think Tanks and the Politics of Expertise: Role, Value and Impact[J].Political Quarterly,2008,79(4):529-555.

[30]JACQUES P J etc.The Organisation of Denial: Conservative Think Tanks and Environmental Scepticism[J].Environmental Politics,2008,17(3):349-385.

[31]WHITMAN R G.Brexit or Bremain: What future for the UK's European Diplomatic Strategy?[J].International Affairs,2016,92(3):509-529.

[32]STOKES M A.Revolutionary Taiwan's Security-Levering C4ISR for Traditional and Non-Traditional Challenges[R].Project 2049 Institute,February 2010.

[33]MCGANN J.2012 Global Go To Think Tanks Report and Policy Advice [R].University of Pennsylvania,January 24,2013.

[34]HM Government.A Strong Britain in An Age of Uncertainty[R].Presented

to the Paliament by The Prime Minister by Her Majesty, October 2010.

[35] HM Government.National Security Strategy and Strategic Defence and Security Review: A Secure and Prosperous United Kingdom[R].Presented to the Parliament by The Prime Minister by Her Majesty, Nov.2015.

[36] The White House.National Security Strategy 2010[R].Washington D.C., May 2010.

[37] Department of State of United States of America, United States Agency of International Development.Leading Through Civilian Power: The First Quadrennial Diplomacy and Development Review[R].Washington D.C., 2010.

[38] United States Agency of International Development.USAID Policy Frame 2011–2015[R].Washington D.C., September 2011.

[39] U.S. Government Printing Office.Sustainable Urban Development Act of 2010[R].Washington D.C., April 20, 2010.

[40] PLOCH L.Africa Command: US interests in Africa and the Role of US military in Africa[R].Congressional Research Service, RL34003, July 28, 2009.

[41] General Accounting Office.Force Structure: Preliminary Observation on the Progress and Challenge Associated with Establishing the U.S. African Command [R].GAO–08–947T, July 15, 2008.

[42] General Accounting Office.Action Needed to Address Stakeholders Concerns, Improve Interagency Collaboration, and determine full costs associated with the Africa Command[R].GAO–09–181, February 29, 2009.

[43] General Accounting Office.Interagency Collaboration Practices and Challenges at DOD South Command and African Command[R].GAO–10–962T, July 28, 2010.

[44] General Accounting Office.DOD needs to reassess options for permanent location of U.S. Africa Command[R].GAO–13–646, September 9, 2013.

[45]TONG-JAE C,TAE-JIN P,LEED E.A Partner for Change:Six Decades of Asia Foundation in Korea[R].Asia Foundation,2017.

[46]TAYLOR M,MANYIN M E.Non-Governments Organizations' Activities in North Korea[R].Congressional Research Services,March 25,2011.

[47]SHERLOCK M F,GRAVELLE J G.An Overview of Nonprofit and Charitable Sector[R].Congressional Research Service7-5700, R40919, Washington D.C., November 2009.

[48]MCFAUL M A.American Efforts at Promoting Democracy in the Soviet Union and then Russia:Lessen Learned[R].Center on Democracy, Development and the Law Stanford Institute on International Studies,Number 44,September 2005.